THÈSE
POUR LE DOCTORAT

PRÉSENTÉE

PAR

AUGUSTE LOUCHET,
Avocat à la Cour impériale

DU PAYEMENT DES DETTES
DANS LES SUCCESSIONS TESTAMENTAIRES OU AB INTESTAT
EN DROIT ROMAIN ET EN DROIT FRANÇAIS.

PARIS

IMPRIMÉ PAR E. THUNOT ET Cⁱᵉ

RUE RACINE, 26

1864

FACULTÉ DE DROIT DE PARIS.

DU PAYEMENT DES DETTES

DANS LES SUCCESSIONS TESTAMENTAIRES OU AB INTESTAT

EN DROIT ROMAIN ET EN DROIT FRANÇAIS.

THÈSE POUR LE DOCTORAT

PAR

AUGUSTE LOUCHET,

Avocat à la Cour impériale

L'ACTE PUBLIC SUR LES MATIÈRES CI-APRÈS SERA SOUTENU

le Jeudi 21 Juillet 1864, à 3 heures,

EN PRÉSENCE DE M. L'INSPECTEUR GÉNÉRAL GIRAUD,

PRÉSIDENT : M. COLMET DE SANTERRE, professeur.

SUFFRAGANTS : MM. ORTOLAN, DUVERGER, DEMANGEAT, Professeurs.
GÉRARDIN, Suppléant.

Le candidat répondra, en outre, aux questions qui lui seront faites
sur les autres matières de l'enseignement.

PARIS
IMPRIMÉ PAR E. THUNOT ET Cᵉ,
RUE RACINE, 26, PRÈS DE L'ODÉON.
1864

A MON PÈRE, A MA MÈRE.

A LA MÉMOIRE

DE MON GRAND-PÈRE

LE PRÉSIDENT LAPLAGNE-BARRIS.

DROIT ROMAIN.

CHAPITRE PRÉLIMINAIRE.

On appelle *succession* ou *hérédité* la masse des biens, des droits et des charges qu'une personne laisse après sa mort. Celui qui recueille l'universalité de cette masse ou une quote-part de cette universalité, se trouve substitué à l'ancien propriétaire, investi des mêmes droits, assujetti aux mêmes charges, obligé aux mêmes dettes, à l'exception toutefois des droits, des charges et des dettes qui devaient s'éteindre avec la vie du défunt.

Le sujet de cette thèse est d'étudier les effets de cette transmission héréditaire relativement aux dettes dont pouvait être tenu celui à qui l'on succède. Nous examinerons d'abord quels sont les successeurs obligés aux dettes et dans quelle mesure ils sont tenus ; comment, s'ils sont plusieurs, les dettes se répartissent entre eux. Nous verrons ensuite à l'aide de quelles institutions il fut successivement porté remède aux inconvénients qui pouvaient résulter de cette transmission, soit pour les successeurs eux-mêmes, soit pour les créanciers de la succession.

CHAPITRE PREMIER.

DES SUCCESSEURS QUI SONT TENUS DES DETTES ET DE LA MESURE DE LEUR OBLIGATION.

Les successeurs tenus des dettes sont ceux qui re-cueillent l'universalité des biens du défunt, qui pren-nent sa place, qui continuent sa personne ; en un mot, suivant le droit civil romain, ce sont les héritiers.

On distingue deux espèces d'héritiers, les héritiers testamentaires et les héritiers *ab intestat :* les uns sont appelés par la volonté du défunt, les autres tiennent leur vocation de la disposition de la loi. La volonté du défunt est une loi particulière qui déroge à la loi géné-rale sur les successions ; les héritiers *ab intestat* n'arri-vent jamais qu'à défaut d'héritiers testamentaires. *Duplex hereditatum conditio est, nam vel ex testamento, vel ab intestato ad vos pertinent* (1). Leur condition, au point de vue qui nous occupe, est absolument semblable.

L'héritier testamentaire ou *ab intestat* succède à tous les droits du défunt : *succedit in universum jus quod defunctus habuit;* il continue sa personne : *personam defuncti sustinet.* Par une conséquence nécessaire de ce principe, il a contre les débiteurs du défunt les mêmes droits que le défunt lui-même, mais il est soumis

______

(1) Justin, Inst., lib. 2, tit. 9, § 6.

de la part des créanciers héréditaires aux mêmes actions qui auraient pu atteindre son auteur : « *Heredem ejusdem potestatis jurisque esse cujus fuit defunctus constat* (1). ». C'est ce que Pomponius nous dit sous une autre forme : *Hereditatis appellatio sine dubio continet etiam damnosam hereditatem* (2).

Puisque l'héritier est le continuateur et le représentant de la personne du défunt, il est tenu des dettes de la même façon que le défunt l'était lui-même : « *Nemo plus commodi heredi suo reliquit quam ipse habuit* (3). Il est donc obligé même sur ses biens personnels, au delà des forces de la succession qu'il recueille : *Hereditas quin nos obliget æri alieno etiam si non sit solvendo plus quam manifestum est* (4). Il s'opère ainsi entre le patrimoine de l'héritier et celui du défunt une confusion complète qui fait des créanciers héréditaires les créanciers personnels de l'héritier, leur donne sur ses biens propres les mêmes droits que s'ils avaient contracté directement avec lui, et en même temps, par une juste réciprocité, les biens de la succession tombant dans le patrimoine de l'héritier, deviennent le gage commun de ses créanciers personnels.

A coté des héritiers, les seuls que le droit civil reconnût pour les représentants du défunt, nous trouvons d'autres successeurs à titre universel qui recueillaient, eux aussi, l'universalité des droits actifs et passifs

(1) D., L. 59, *De reg. juris.*
(2) D., L. 119, *De acq. vel omit. hered.*
(3) D., L. 120, *De reg. juris.*
(4) D., L. 8, *De acq. vel omit. hered.*

du *de cujus* : il avait donc fallu les assujettir au payement des dettes.

Je veux parler des possesseurs de biens et des fidéicommissaires universels.

Je n'ai que peu de choses à dire des possesseurs de
biens. La possession de biens est une sorte de succession prétorienne dont l'ordre et les conditions sont réglés par l'Édit. Celui à qui le préteur la donne n'est
pas héritier ; le préteur ne peut pas faire d'héritier,
c'est à la loi seule qu'est réservé ce pouvoir : « *Nam
prætor heredem facere non potest. Per legem enim
tantum vel similem juris constitutionem heredes fiunt, re-
luti per senatus-consulta et constitutiones principales* (1). »
Mais ils sont au lieu et place d'héritier : *heredis loco
constituuntur, beneficio prætoris* (2). Le possesseur de
biens acquiert les biens et les droits du défunt, il doit
donc en même temps être tenu des dettes : « *Bonorum
possessio admissa,* nous dit Ulpien, *commoda et in-
commoda hereditaria tribuit.* » Et il ajoute : *Nam hæc
omnia bonis sunt conjuncta* (3). Au point de vue actif
comme au point de vue passif, le préteur le traite
comme un héritier (4).

Mais les possesseurs de biens, quoique tenus des
dettes, et même au delà des forces de la succession
qu'ils recueillent, n'étant pas héritiers suivant le droit

(1) Justin. Inst., lib. 3, tit. 9, § 2.
(2) Ulp., Reg., tit. 28, § 12.
(3) D., L. 1, *De bon. possess.*
(4) *Prætor bonorum possessorem heredis loco in omni causa habet* (D., L. 117,
De reg. juris); *in omnibus enim vice heredum bonorum possessores habentur* (D.,
L. 2, *De bon. possess.*).

civil, ne pouvaient pas en cette qualité être poursuivis par des actions directes. Le préteur venait au secours des créanciers de la succession en leur accordant des actions fictices, celles qu'on appelle d'ordinaire actions utiles. Le magistrat feignant que les possesseurs de biens étaient héritiers, donnait mandat au juge de les condamner comme tels : « *Ideoque seu ipsi agant, seu cum his agatur, fictitiis actionibus opus est, in quibus heredes esse finguntur* (1).

Les fidéicommis demandent plus d'explications. Il est bien entendu que nous n'avons à nous occuper que du fidéicommis universel; ce que Justinien appelle les hérédités fidéicommissaires (Inst., lib. 2, tit. 23, princip.); le fidéicommissaire particulier n'est qu'un acquéreur à titre particulier, et comme tel n'est pas obligé aux dettes. Il y a lieu de distinguer plusieurs époques.

On peut définir le fidéicommis universel la disposition par laquelle le testateur prie l'héritier qu'il institue de remettre à un tiers son hérédité tout entière ou une quote-part de cette hérédité. Celui qui restitue n'en reste pas moins héritier, même après avoir opéré la restitution : *restituta autem hereditate, is qui restituit, nihilominus heres permanet* (2). C'est donc lui qui représente le défunt, qui sera tenu de ses dettes, qui pourra poursuivre ses débiteurs, selon la rigueur du droit civil. Pour remédier à ces conséquences, mettre le droit d'accord avec le fait, et faire supporter le poids des dettes à celui qui en réalité recueillait les biens,

---

(1) Ulp., Reg., *loco supra citato*, Gaïus, Com. 4, § 3.
(2) Gaïus, Comment. 2, § 251 ; Just. Inst., lib. 2, tit. 23, § 3.

c'est-à-dire au fidéicommissaire, il avait fallu à l'origine recourir à des stipulations dont Gaïus nous a
conservé la formule (1). L'héritier faisait au fidéicommissaire la vente fictive de l'hérédité *uno nummo*, et il
intervenait entre eux les stipulations qui se faisaient
d'ordinaire entre l'acheteur et le vendeur d'une hérédité : l'héritier stipulait de celui à qui il restituait l'hérédité que celui-ci l'indemniserait de tout ce qu'il serait obligé de payer et le défendrait contre toute poursuite ; en échange l'héritier s'engageait à restituer
tout ce qui lui parviendrait en qualité d'héritier. En
dernière analyse, c'était donc le fidéicommissaire qui
payait les dettes ; mais n'étant pas héritier, il ne pouvait pas être poursuivi directement par les créanciers
héréditaires. Néanmoins quelques interprètes ont supposé que ceux-ci pouvaient le mettre en cause non pas
directement, puisqu'il n'est pas héritier, mais *comme*
procurator de l'héritier fiduciaire qui avait joué le rôle
de vendeur de l'hérédité. Gaïus nous apprend en effet
que l'héritier, dans ces stipulations dont je viens de
parler, promettait de lui permettre de poursuivre les

(1) Tunc enim in usu erat ei cui restituebatur hereditas, nummo uno eam
hereditatem dicis causa venire, et quæ stipulationes (inter venditorem hereditatis et emptorem interponi solent, eædem in⸱⸱ rponebantur) inter heredem et eum cui restituebatur hereditas, id est hoc modo : heres quidem
stipulabatur ab eo cui restituebatur hereditas ut quidquid hereditario nomine
condemnatus fuisset sive quid alias bona fide dedisset, eo nomine indemnis
esset, et omnino si quis cum eo hereditario nomine ageret, ut recte defen-
deretur ; ille vero qui recipiebat hereditatem, invicem stipulabatur, ut si
quid ex hereditate ad heredem pervenisset, id sibi restitueretur, ut etiam
pateretur eum hereditarias actiones procuratorio aut cognitorio nomine
exequi (Gaïus, 2, § 252).

débiteurs du défunt *cognitorio aut procuratorio homine*, et il obtenait du préteur une de ces formules où l'*intentio* portait le nom de l'héritier, tandis que la *condemnatio* devait être prononcée au bénéfice du fidéicommissaire (1). Faut-il en conclure, bien qu'aucun texte ne le dise expressément, que si le fidéicommissaire pouvait directement poursuivre les débiteurs de la succession comme *procurator* ou *cognitor in rem suam*, il pouvait être en la même qualité soumis aux actions des créanciers héréditaires (2) ? Cette conclusion nous paraîtrait un peu hasardée.

Il y avait cependant un cas où le fidéicommissaire pouvait être poursuivi directement par les créanciers héréditaires, tandis que l'héritier fiduciaire était complétement affranchi de leur action. Il faut supposer que le fiduciaire est un héritier *ab intestat*, et qu'avant de faire adition, il a transmis l'hérédité au fidéicommissaire au moyen de la *cessio in jure*; dans cette hypothèse celui à qui l'hérédité a été ainsi cédée devient héritier comme s'il était lui-même appelé par la loi : *Si is ad quem ab intestato legitimo jure pertinet hereditas, in jure eam alii ante aditionem cedat, id est antequam heres exstiterit, perinde fit heres is cui in jure cesserit ac si ipse per legem ad hereditatem vocatus esset* (3). Gaïus nous

(1) Gaïus, Comment. 4, §§ 86 et 87.

(2) M. de Cacqueray, *Revue pratique de droit français*, t. 12, p. 50, à la note 3. On pourrait néanmoins argumenter de la loi 3, *Famil. ercisc.*, qui dans le cas où le juge de l'action en partage a chargé un seul des cohéritiers d'acquitter toute la dette, permet au créancier de le poursuivre in solidum partim suo partim procuratorio nomine.

(3) Gaïus, Comment. 2, § 35, V. aussi Comment. 3, § 85.

apprend cette particularité d'une manière générale,
sans distinguer si c'est une vente sérieuse ou fictive ;
mais rien n'empêchait l'héritier chargé par le défunt
de restituer d'employer, pour opérer cette restitution,
le simulacre d'une vente supposée qui produisait les
mêmes effets juridiques. Il n'était pas besoin alors de
ces stipulations compliquées dont nous parlions plus
haut ; le fidéicommissaire étant héritier aux yeux du
droit civil, pouvait être directement poursuivi, et le
fiduciaire restait complétement étranger à la succession.

Cette partie de la législation fut profondément
modifiée par deux sénatus-consultes fameux qui se
suivirent à peu de distance : le premier rendu sous
Néron, et nommé Trébellien, du nom de l'un des
consuls alors en charge ; le second sous Vespasien, et
par les mêmes raisons appelé Pégasien. D'après le
sénatus-consulte Trébellien, dont un fragment d'Ulpien
au Digeste (1) nous a conservé les propres termes, le
fidéicommissaire dut désormais être traité comme un
héritier ; on n'alla pas sans doute jusqu'à effacer l'ancien principe du droit civil, mais on paralysa toutes
ses conséquences. Le fiduciaire fut toujours soumis
aux actions des créanciers de la succession, mais s'il
avait restitué l'hérédité, il repoussait leur demande
au moyen de l'exception *restitutæ hereditatis*, qui servait aussi à couvrir les débiteurs du défunt contre ses
propres poursuites : *Sive petat a debitoribus hereditariis,*

____

(1) D., L. 1, § 2, ad sen.-cons. Trebell.

*sive ab eo petatur, exceptione restitutæ hereditatis ad-
juvari vel summoveri potest* (1). En même temps, le
préteur donnait aux créanciers, contre les fidéicommissaires, une action fictive dans laquelle il les sup-
posait héritiers, et ordonnait au juge de les condamner comme s'ils l'étaient en réalité, comme nous
l'avons déjà vu faire à l'égard des possesseurs de
biens : *Prætor enim utiles actiones ei et in eum qui
recepit hereditatem quasi heredi et in heredem, dare
cœpit eæque in edicto proponuntur* (2). Au moyen du
jeu de cette exception et de ces actions utiles, le
fidéicommissaire seul fut tenu des dettes de la succession.

Le sénatus-consulte Pégasien, qui contenait plusieurs dispositions importantes, principalement celle
qui accordait au fiduciaire le droit de retenir sur les
fidéicommis, de même que sur les legs, le quart de
la loi Falcidie, revint, en ce qui concerne notre
sujet, aux anciens errements, et fit du fidéicommissaire, non plus un quasi-héritier, mais un quasi-léga-
taire auquel on n'arrivait à faire supporter les dettes
qu'au moyen de stipulations intervenues entre lui et
l'héritier. Seulement c'étaient les stipulations *partis et
pro parte*, non plus comme jadis *emptæ et venditæ
hereditatis* (1). Du reste, même après la promulgation
du sénatus-consulte Pégasien, le sénatus-consulte
Trébellien continuait d'être applicable dans un grand

(1) D., L. 27, § 7, ad senat.-cons. Trebell.
(2) Gaïus, Comment. 2, § 253.
(3) Gaïus, Comment. 2, § 251.

nombre de cas (1). Cet état de choses subsista jusqu'à Justinien, qui fondit en un seul les deux sénatus-consultes, en laissant subsister le nom du premier seulement ; le fidéicommissaire fut désormais toujours traité comme héritier, et les actions lui passèrent de plein droit (2).

Les actions qui sont ainsi données contre le fidéicommissaire sont celles dont le défunt était tenu lui-même, quelle que fût la nature de la dette civile ou prétorienne (3). Le créancier héréditaire pourra même réclamer au fidéicommissaire non-seulement le capital, mais encore les intérêts échus pour le temps qui a couru entre la mort du testateur et l'époque de la restitution de l'hérédité (4), bien que l'héritier judiciaire ne soit pas tenu de restituer les fruits perçus pendant le même intervalle (5).

Il faut pourtant excepter le cas où l'héritier pouvait réclamer quelque privilége, non pas à titre d'héritier, mais pour une cause à lui personnelle. Paul nous en donne un exemple : il suppose un légat de l'empereur obligé à Rome de faire adition et de restituer l'hérédité : c'est à Rome que le fidéicommissaire devra répondre aux actions des créanciers : *Cogetur Romæ actiones pati fideicommissarius, quamvis heres non*

<hr>

(1) Gaïus, Comment. 2, §§ 253-258.

(2) Inst. Just., lib. 2, tit. 23, § 7. Lorsque le fiduciaire gardait le quart de l'hérédité, les actions se divisaient de plein droit entre lui et le fidéicommissaire, *scinduntur actiones*.

(3) D., L. 10, *ad sen.-cons. Trebell.*

(4) D., L. 58, § 2, *id.*

(5) D., L. 18, *id.*

cogetur (1). L'héritier pouvait, en effet, réclamer le *jus dominum revocandi*, mais ce droit lui appartenait à titre de légat, et non pas en qualité d'héritier. A l'inverse, le fidéicommissaire n'était pas soumis à toutes les actions qui pouvaient être dirigées contro l'héritier, mais seulement à celles qui se rattachaient aux biens qui lui étaient restitués : *Et generatim ita responden-dum est : non summoveri heredem, neque liberari ex his causis quæ non pertinent ad hereditatem* (2).

J'ai dit que l'héritier qui avait restitué était garanti contre l'action des créanciers par une exception; cette règle souffrait un tempérament lorsque, par suite de l'absence du fidéicommissaire, il y avait péril que le délai pour intenter l'action ne fût sur le point d'expirer; dans ce cas, on forçait l'héritier à répondre à l'action : *Heres judicium suscipere cogitur* (3). Et une fois que l'instance était engagée, soit que l'héritier eût été forcé d'y rester, soit qu'il l'eût fait volontairement, s'il y avait *litis contestatio*, l'action ne passait plus au fidéicommissaire (4).

Les dettes ne sont donc supportées, en règle générale, que par ceux qui recueillent l'universalité des biens de la succession ou une quote-part de cette universalité. C'est pourquoi nous n'avons parlé jusqu'ici ni des légataires, ni des donataires qui n'acquéraient qu'un bien particulier ; il est constant que les créan-

---

(1) D., L. 66, § 3, *ad senat.-cons. Trebell.* VII. D., L. 2, §§ 3, 4 et 5 *De judiciis.*
(2) D., L. 55, *ad senat.-cons. Trebellianum.*
(3) D., L. 49, § 1, *ibid.*
(4) D., L. 78, § 15, *ibid.*

ciers de la succession ne pouvaient les poursuivre : *Creditores hereditarios adversus legatarios non habere personalem actionem convenit : quippe quum evidentissime lex Duodecim Tabularum heredes huic rei faciat obnoxios* (1), et un autre texte fait l'application de la même règle au donateur : *Æris alieni quod ex hereditaria causa venit, non ejus qui donationis titulo possidet, sed totius juris successoris onus est* (2). Sans doute si la chose léguée ou donnée avait été précédemment hypothéquée par le donateur ou le testateur, le légataire était exposé à l'action du créancier hypothécaire, mais c'était à titre de tiers détenteur et non de légataire (3). Il ne faut pas oublier néanmoins que les légataires pouvaient souffrir indirectement des dettes de la succession, car les créanciers devaient être intégralement désintéressés avant la délivrance des legs et tout l'actif de la succession pouvait se trouver absorbé par eux sans qu'il restât rien pour l'acquittement des libéralités du défunt. Mais si les légataires peuvent, de cette manière, souffrir de la présence des créanciers qui sont payés avant eux sur les mêmes biens destinés à fournir leurs legs, on ne peut pas dire qu'ils soient tenus vis-à-vis des créanciers ni même vis-à-vis des héritiers au payement des dettes.

Il y a cependant certains légataires qui doivent contribuer soit à quelques-unes, soit même à toutes, mais seulement dans leurs rapports avec les héritiers.

(1) Cod., L. 7, *De hered. act.*
(2) Cod., L. 15, *De donat.*
(3) Inst. Just., lib. 2, tit. 20, § 3.

Même dans ce cas, ils ne sont pas soumis à l'action des créanciers, auxquels ils restent toujours étrangers : nous voulons parler du legs partiaire et du legs du pécule.

Un testateur, au lieu de léguer des choses *in genere* ou des corps certains, pouvait léguer une part quelconque de son hérédité. *Sicut singulæ res legari possunt, ita universarum quoque summa legari potest* (1). Cette part pouvait varier au gré du testateur; à défaut de fixation expresse, elle était de la moitié. Cette sorte de legs était appelée *partitio : Quæ species partitio appellatur*, et Ulpien nous a transmis une des formules qu'on employait : *Heres meus cum filio hereditatem dividito* (2).

Ce légataire, bien qu'acquéreur de biens à titre universel, n'était pas un successeur à la personne : l'héritier institué restait toujours seul héritier, et si l'institution tombait par une cause quelconque, l'existence du legs partageait le même sort. Il suit de là que le légataire n'était pas copropriétaire avec l'héritier, et qu'il n'avait pas l'*actio communi dividundo* pour demander le partage de l'hérédité en nature. On ne vit jamais en lui qu'un créancier ayant une action personnelle contre l'héritier; mais pouvait-il réclamer de ce dernier la moitié en propriété sur les objets corporels de l'hérédité, ou bien n'avait-il droit qu'à la moitié de l'estimation? Il y avait sur ce point entre les

(1) Ulp., Reg., tit. 24, § 25.
(2) Ulp., Reg., *loc. cit.* ; Gaius, Comment. 2, § 251 ; D., L. 164, § 1, *De verb. signif.*

deux écoles de jurisconsultes une dissidence dont Pomponius nous a conservé le souvenir : les Sabiniens pensaient qu'il n'avait droit qu'à la moitié de l'estimation, tandis, au contraire, que dans l'opinion des Proculéiens, il pouvait exiger la moitié en propriété des objets composant l'hérédité : *Cum bonorum parte legata dubium sit utrum rerum partes an æstimatio debeatur : Sabinus quidem et Cassius æstimationem, Proculus et Nerva rerum partes esse legatas existimaverunt.* Pomponius, prenant une opinion mixte, estimait que l'héritier pouvait choisir entre ces deux partis, et s'arrêter à celui qu'il jugeait le plus avantageux : *Sed oportet heredi succurri ut ipse eligat sive rerum partes sive æstimationem* (1).

Une autre conséquence du même principe c'est que les créances et les dettes n'en passaient pas moins, et pour la totalité sur la tête de l'héritier qui seul pouvait poursuivre les débiteurs du défunt et être poursuivi par ses créanciers. Si l'hérédité comprenait des dettes, et si l'héritier délivrait au légataire la moitié des valeurs actives, il était exposé à payer la totalité des dettes, puisque les créanciers ne pouvaient poursuivre le légataire. Cependant, en vertu du principe : *Bona non intelliguntur nisi deducto ære alieno*, le légataire qui n'avait droit qu'à une quote-part de l'universalité des biens, devait, dans ses rapports avec l'héritier, subir la conséquence des dettes qui la diminuaient (2). On arrivait à ce résultat par des stipulations dites *par-*

(1) D., L. 28, § 2, *De legat.*, 1°
(2) *Venisse, ad heredem, nil intelligitur, nisi deducto ære alieno* (D., L. 165, *De verb signif.*).

lis et pro parte (1). L'héritier stipulait du légataire que s'il venait à payer les dettes, il aurait recours contre lui jusqu'à concurrence de la moitié de ces dettes, et il s'engageait, de son côté, à le faire participer dans la même proportion aux bénéfices qu'il pourrait retirer des débiteurs du défunt. C'est ce que nous dit Ulpien : *Partis autem et pro parte stipulationes proprie dicuntur quæ de lucro et de damno communicando solent interponi inter heredem et legatarium partiarium, id est cum quo partitus est heres* (2). Ce sont ces stipulations que nous avons déjà rencontrées sous l'empire du sénatus-consulte Pégasien, pour régler une situation analogue entre l'héritier fiduciaire et le fidéicommissaire. Du'reste, elles n'étaient pas sans danger ni pour le légataire ni pour l'héritier ; car en cas d'insolvabilité de l'un d'entre eux, l'autre perdait la part, soit de la créance, soit de la dette dont il était en droit de se faire tenir compte.

Le legs partiaire n'existait plus au temps de Justinien. Aussi, bien que le Digeste contienne sur cette institution quelques textes oubliés par les compilateurs, n'en est-il plus question dans les Institutes.

La seconde espèce, où nous voyons les dettes supportées par le légataire, c'est celle du legs qui a pour objet le pécule. Le pécule était, à l'origine, une portion de biens que le *paterfamilias* isolait du reste de son patrimoine, et dont il confiait l'administration à son

---

(1) Gaïus, 2, § 254.
(2) Ulp., Reg., tit. 25, § 15.

filiusfamilias ou à son esclave, ou bien encore d'une façon générale : *Quidquid filius familias aut servus a rationibus patrisfamilias separatum habet.* Ce pécule pouvait contenir des choses corporelles, des créances et des dettes. Le propriétaire du pécule pouvait le léguer ; qu'advenait-il des dettes ?

Le légataire du pécule pouvait-il être poursuivi par les créanciers ? Il y eut à ce sujet controverse entre les deux écoles. Javolénus, et toute l'école sabinienne avec lui, pensait que lorsque le pécule avait été légué, il passait des mains de l'héritier à celles du légataire, d'où résultait cette conséquence que l'héritier ne pouvait plus être actionné : *Quum heres jussus est peculium dare, accepta certa summa, non videtur penes heredem esse peculium* (1). Ces mots : *certa summa,* doivent s'en-'ndre non pas du prix d'une vente du pécule, mais ᴊ'une somme dont le payement a été imposé comme condition de l'existence du legs ; car s'il y avait eu vente, les Sabiniens eux-mêmes reconnaissaient que le pécule était censé appartenir à celui qui avait reçu le prix, et non à l'acheteur qui se trouvait nanti des choses corpo-relles qui le composaient (2) : *Si quis servum ita vendidit ut pretium pro peculio acciperet ; penes eum videtur esse pecu-lium ad quem pretium peculii pervenit, non penes quem res peculiaris sit* (3). Mais, comme nous venons de le dire, il n'en était pas de même au cas où le pécule avait été légué soit purement et simplement, soit sous la condi-

---

(1) D., L. 33, *De pecul.*
(2) Poth., *Pand. præfat.,* p. 47, n° 5 ; *De peculio,* n° 40 et 41.
(3) D., L. 33 et 34, *De pecul.*

tion de payer une somme à l'héritier; et si, dans l'opinion des Sabiniens, l'héritier ne pouvait pas être actionné parce qu'il n'était plus en possession du pécule,
c'était donc au légataire entre les mains duquel il se
trouvait désormais que les créanciers pouvaient et devaient directement s'adresser.

Les Proculéiens n'admettaient pas cette doctrine. A
leurs yeux, c'était toujours l'héritier qui gardait le pécule vis-à-vis des créanciers, soit qu'il l'eût vendu
moyennant un prix qu'il a touché, et ils se trouvaient
d'accord sur ce point avec les Sabiniens, soit qu'il l'eût
délivré en exécution du legs que le testateur lui avait
imposé; car, disaient-ils, l'héritier était tenu vis-à-vis
du légataire; en livrant le pécule il s'est acquitté de
son obligation, et cette libération est pour lui comme
le prix pour lequel il s'est dessaisi du pécule (1). Puisqu'au regard des créanciers, l'héritier est considéré
comme toujours nanti du pécule, c'est lui qu'ils doivent poursuivre, et Ulpien, qui nous rapporte cette
doctrine des Proculéiens, à laquelle il donne son as-
sentiment, ajoute que le légataire ne pourra pas être
actionné : *Et mihi verius videtur non dandam... in eum
cui legatum sit peculium, de peculio actionem* (2). Cette
opinion des Proculéiens, bien qu'un peu subtile, mais
peut-être plus conforme aux principes du droit civil,
avait fini par triompher, et Marcien donne la même
décision, sans l'apparence même d'une hésitation ou
d'un doute dans une espèce où le légataire était l'es-

(1) Poth., Pand., *loc. citat.*
(2) D., L. 1, § 7, *Quando de pecul.*

clave lui-même à qui le pécule avait été confié : *Si servo manumisso peculium legatum fuerit, in eum sine dubio creditoribus peculiariis actiones non competunt* (1). On peut en conclure que l'opinion des Proculéiens avait triomphé et que dans le dernier état du droit au regard des créanciers le légataire du pécule n'était pas tenu des dettes.

Mais dans ses rapports avec l'héritier, le légataire était soumis au principe : *Bona non intelliguntur nisi deducto œre alieno.* Les dettes diminuaient le pécule, et il ne devait le recevoir ou revendiquer les choses corporelles qui le composent que déduction faite de ce qui était dû par l'esclave à son maître ou à l'héritier : *Non solum autem quod domino debetur, peculio legato deducitur, sed et si quid heredi debitum fuit* (2). Il en était de même relativement aux dettes dont l'esclave pouvait être tenu vis-à-vis d'étrangers, bien que ceux-ci ne pussent pas poursuivre le légataire. L'héritier qui payait la dette avait un recours contre lui ; mais il agissait plus prudemment s'il ne délivrait le pécule au légataire qu'en lui faisant donner caution de prendre sa défense, s'il venait à être inquiété par les créanciers. Telle était la ressource que les Proculéiens donnaient à l'héritier : *Pegasus autem caveri debere ait ab eo cui peculium legatum sit : quia ad eum veniunt creditores* (3). C'est

---

(1) D., L. 18, *De pecul. legat.*

(2) D., L. 6, § fin., *De pecul. legat.* ; Junge, L. 6, § 4, *id.*, et L. 6, in princ. Sin vero sit quod domino vel supra scriptis personis (conservis liberisve domini) debeatur, deminui singula corpora pro rata debebunt.

(3) D., L. 1, § 7, *Quando de pecul.* ; Junge L. 18, *De pecul. legat.* Sed

ainsi que le légataire du pécule, de même que le légataire partiaire, contribuait aux dettes.

Ainsi, pour résumer tout ce que nous venons de dire, en droit civil l'héritier testamentaire ou *ab intestat*, seul successeur *in universum jus* et continuateur de la personne du défunt, seul était tenu des dettes de la succession, et il devait les payer même *ultra vires emolumenti*. Plus tard, quand le préteur crée des possesseurs de biens qui ne sont, sauf le nom, que de véritables héritiers prétoriens, il emprunte au droit civil cette double règle, et il en réalise l'application par ces actions fictices dont nous avons expliqué le mécanisme. Une troisième institution vient s'adjoindre aux deux autres, le fidéicommis universel, et bientôt pour mettre un terme aux complications qui naissaient de la stricte application du droit civil, le sénat.-cons. Trébellien traite les fidéicommissaires comme le préteur traitait déjà les possesseurs de biens, c'est-à-dire comme s'ils étaient héritiers. Il est vrai que le sénat.-cons. Pégasien, dans certains cas déterminés, revient aux anciens errements; mais Justinien fait disparaître cette anomalie, et désormais on peut dire que tous ceux qui recueillent l'universalité des biens de la succession sont tenus des dettes, et qu'ils doivent les payer même au delà des forces de la succession. Cette dernière règle, du reste, n'est que la juste conséquence des principes les plus élémentaires: D'une part le successeur universel est

non alius peculium præstare debet, nisi ei caveatur defensum iri adversus creditores pecaliarios.

personnellement obligé envers les créanciers de son auteur, d'autre part le patrimoine du défunt s'est confondu avec le sien, et l'exécution d'une dette personnelle se poursuit toujours sur tous les biens du débiteur sans distinction.

Mais le successeur universel seul est tenu des dettes; elles sont charge de l'universalité, elles n'atteignent pas le successeur particulier, par conséquent le légataire ne doit pas les supporter. Toutefois, lorsque le legs est d'une universalité, comme nous l'avons vu dans deux cas, par application de cette maxime que les dettes sont charge des biens, le légataire lui-même recueillant une quote-part de l'universalité doit supporter une quote-part des dettes, non pas qu'il soit tenu vis-à-vis des créanciers qui ne connaissent que le défunt ou son représentant l'héritier; mais dans ses rapports avec l'héritier, il y contribuera par les moyens que nous avons indiqués.

CHAPITRE II.

DE LA DIVISION DES DETTES.

Nous n'avons parlé jusqu'à présent que des cas où le défunt laissait un seul successeur. Il peut arriver cependant, et il arrive souvent en effet que la succession est déférée, non pas à un seul, mais à deux ou plusieurs héritiers. Comment se partageaient les dettes ?

Les dettes soit, du côté actif, soit du côté passif, se divisent de plein droit entre les héritiers, et la division se fait proportionnellement à la part héréditaire de chacun ; c'est un principe qui remonte à la loi des Douze Tables elles-mêmes : *Nomina hereditaria inter heredes pro portionibus hereditariis ercita sunto* (1). Ni pour les créances ni pour les dettes, il n'était besoin d'un partage après l'ouverture de la succession : c'est la loi elle-même qui en fait l'attribution : *Ea quæ in nominibus sunt*, dit une constitution de l'Empereur Gordien *non recipiunt divisionem cum ipso jure in portiones hereditarias ex lege duodecim tabularum divisa sint* (2). Par l'effet de cette division

(1) L. 12, tab 5, restitution de Godefroy.
(2) L. 6, au Cod., Famil. ercisc.

légale des dettes entre les divers héritiers d'un même
de cujus, les créanciers devaient diviser leur demande
entre eux. Chaque dette se fractionnait en autant de
dettes qu'il y avait d'héritiers, indépendantes les unes
des autres, en sorte que si l'un des cohéritiers était
ou devenait insolvable, les conséquences de cette insolvabilité retombaient, non pas sur les cohéritiers qui,
après avoir payé leur part, demeuraient entièrement
quittes, mais sur le créancier lui-même. Il en était de
même des legs : le légataire était forcé de diviser son
action entre tous les successeurs à titre universel et
représentants du défunt, et soumis aux conséquences
de l'insolvabilté de chacun d'eux : *Legatorum petitio
adversus heredes pro partibus hereditariis competit.
Nec pro his qui solvendo non sunt onerari coheredes
oportet* (1).

Ainsi chacun des héritiers était tenu d'une part dans
les dettes, et cette part était proportionnelle à celle
qu'il recueillait dans la succession à titre d'héritier.
Il pouvait y prendre à un autre titre, en qualité de
légataire, par exemple; dans ce cas, il n'était pas plus
astreint aux dettes pour ce qu'il prélevait ainsi que
tout autre légataire particulier; c'était toujours sur sa
part héréditaire, et sur elle seulement, qu'était calculée
sa part dans les dettes. Cette règle est rappelée et
confirmée de la manière la plus expresse par le texte
suivant : *Neque æquam neque usitatam rem desideras
ut æs alienum patris tui non pro portionibus hereditariis*

___

(1) D., L. 55, *De legatis*, 2°.

exsolvatis tu et frater coheres tuus, sed pro æstimatione rerum prælegatarum; cum sit explorati juris in hereditaria onera adscriptos heredes pro portionibus hereditariis, non pro modo emolumenti pertinere (1).

Les mêmes règles s'appliquaient aux possesseurs de biens et aux fidéicommissaires; la part pour laquelle ils étaient tenus des dettes se calculait aussi sur celle qu'ils recueillaient à titre universel dans la succession.

Il peut arriver cependant, par exception à ces principes, que certains héritiers soient tenus vis-à-vis des créanciers au delà de la part qu'ils doivent définitivement supporter. Nous en avons déjà vu des exemples dans le chapitre qui précède : je veux parler de l'héritier à qui son auteur a imposé la charge d'un legs partiaire, *partitio hereditatis*, ou d'un legs de pécule. Le légataire d'une quote-part de la succession, le légataire du pécule, quoique tenu de subir une part équivalente des dettes de la succession ou toutes les dettes du pécule, reste toujours étranger aux créanciers. Ceux-ci ne le connaissent pas; ils poursuivent pour le tout l'héritier, qui seul à leurs yeux représente le défunt, et nous avons indiqué au moyen de quelles stipulations et de quelles sûretés celui-ci se fera rembourser des avances qu'il aura pu être contraint de faire pour le compte du légataire.

Ces deux cas ne sont les seuls ni même les plus fréquents dans lesquels un héritier puisse être forcé de

(1) L. 1, au Cod., *Si cert. petat.* Vid., L. 55, § 1, D., *De hered instit.*

payer au créancier au delà de sa part contributoire dans la dette ; il en serait de même si la dette était garantie par une hypothèque ou un gage, ou si elle était indivisible. Occupons-nous d'abord de la dette hypothécaire.

Si le créancier, pour garantir sa créance, a exigé de son débiteur la constitution d'un gage ou d'une hypothèque, il a, pour recouvrer ce qui lui est dû, une double action : l'action personnelle d'abord, quel qu'ait été le mode de l'obligation contractée, et celle-là se divisera toujours de plein droit entre les différents successeurs du débiteur primitif. Mais il a de plus l'action qui résulte du gage ou de l'hypothèque, action réelle qui n'est point susceptible de division et s'attache tout entière à la chose grevée du droit de gage ou d'hypothèque. Si cette chose a été mise tout entière dans le lot d'un des cohéritiers, celui-ci sera tenu personnellement, en tant qu'héritier du débiteur, au prorata de sa part héréditaire, mais en tant que possesseur de la chose hypothéquée ou engagée, il peut être forcé soit de payer la dette tout entière, soit de délaisser la chose comme le serait tout autre détenteur. C'est ce que nous exprimons dans notre droit moderne en disant que l'héritier est tenu personnellement pour sa part et portion et hypothécairement pour le tout, et ce qu'expose très-nettement une constitution des empereurs Dioclétien et Maximien : *Actio quidem personalis inter heredes pro singulis portionibus quæsitis scinditur; pignoris autem jure multis obligatis rebus quas diversi possident, cum ejus vindicatio non personam obliget sed rem sequatur, qui possident tenentes non pro modo singularum rerum substantiæ conveniuntur, sed in solidum ut vel totum debitum reddant, vel eo quod detinent cedant* (1).

Mais si l'un des cohéritiers pouvait ainsi se trouver obligé de payer la totalité de la dette au créancier, ce résultat n'était pas définitif; il avait contre ses cohéritiers un recours pour ce qu'il avait donné au delà de la dette, et ce recours s'exerçait par une *actio negotiorum gestorum contraria*. En désintéressant le créancier, en effet, il leur avait évité les poursuites qui auraient pu être dirigées contre eux. Le juge pouvait même, au moment du partage et dans la prévision de cet événement, obliger les héritiers à promettre à celui au lot duquel était mis l'objet hypothéqué, qu'ils lui rembourseraient ce qu'il aurait été contraint d'avancer pour eux ; et si l'événement se réalisait, l'héritier possesseur avait, pour exercer le recours qui lui appartenait, non-seulement l'*actio negotiorum gestorum* dont nous venons de parler, mais enc ⁀ l'*actio ex stipulatu* qui valait mieux. Il est probable aussi, quoique aucun texte ne le dise formellement, du moins à notre connaissance, que le cohéritier pouvait se faire céder les actions du créancier, au moyen de la *cognitio* ou *procuratio in rem suam* (2).

Un héritier peut être encore poursuivi pour le tout, lorsque l'obligation est indivisible. Nous ne pouvons

(1) L. 2, au Cod., *Si unus ex plur. hered.* (8, 52); D., L. 25, § 14, *Famil. ercisc.*; Cod., L. 2, *De hered. action.*
(2) D., L. 17, *De fidejus.*

pas traiter incidemment la théorie si pleine de difficultés des obligations divisibles et indivisibles; nous
n'avons à nous occuper que des conséquences de l'indivisibilité des obligations sur le payement des dettes
par les héritiers. On sait qu'une obligation est indivisible lorsque son objet n'est pas susceptible de division partielle : telle était par exemple la promesse de
constituer une servitude prédiale. C'est ce que les
commentateurs modernes ont nommé l'indivisibilité
natura. Les jurisconsultes romains reconnaissaient
aussi une indivisibilité *solutione tantum*. Le créancier,
dans ce cas, ne pouvait réclamer qu'une portion de la
dette; mais la dette, pour être valablement acquittée,
devait l'être intégralement; c'était à l'héritier poursuivi pour partie à s'entendre avec ses autres cohéritiers pour faire un payement valable (1).

Si la dette est indivisible par sa nature, le créancier
pourra poursuivre chaque héritier *in solidum : Ea
quæ in partes dividi non possunt, a singulis heredibus
debentur* (2). » Comment l'héritier poursuivi exercera-
t-il son recours contre ses cohéritiers? D'abord il peut
demander un délai pour mettre en cause ses cohéritiers, et ce n'est qu'après l'expiration de ce délai qu'il
peut être condamné et forcé à l'exécution du jugement (3). Ses cohéritiers se rendront le plus ordinai-

(1) D., L. 85, § 4, *De verb. oblig.* Pro parte autem peti, solvi autem nisi
totum non potest.
(2) D., L. 192, princ., *De reg. juris.*
(3) D., L. 11, §§ 23 et 24, *De leg.*, 3°. Si in opere civitatis faciendo
aliquid relictum sit, unumquemque heredem in solidum teneri. D. Marcus et
L. Verus Proculæ rescripserunt, tempus tamen coheredi præstituerunt, intra

rement à cet appel, surtout si la poursuite a lieu avant le partage, car au moment où il y sera procédé, celui qui a dû s'exécuter se fera dédommager par l'action *familiæ erciscundæ* (1). Que si les cohéritiers ont procédé au partage avant que l'exécution de l'obligation indivisible ait été faite ou poursuivie, chaçun d'eux peut contraindre les autres à lui fournir des cautions pour garantir, soit le payement des dommages et intérêts qui résulteraient du refus des cohéritiers de concourir à l'accomplissement de l'obligation, soit le remboursement des sommes qu'il pourrait être forcé de payer pour les autres (2). Dans tous les cas, si ces promesses réciproques n'avaient pas eu lieu, le cohéritier qui après partage avait payé la totalité de la dette indivisible, avait l'action *negotiorum gestorum* pour obtenir la contribution de ses héritiers. Néanmoins l'héritier qui a causé l'inexécution de l'obligation par son dol ou par sa faute ne peut pas réclamer le remboursement de ce qu'il a dû payer de ce chef, tandis, au contraire, que ses cohéritiers qui auraient été forcés de payer pour lui des dommages et intérêts pourront les réclamer de lui en entier (3).

quod mittat ad opus faciendum : post quod solam Proculam voluerunt facere imputaturam coheredi sumptum pro parte ejus. Ergo et in statua et in servitute ceterisque quæ divisionem non recipiunt, idem D. Marcus rescripsit.

(1) D., L. 2, § 2, *De verb. oblig.* Sed quo casu unus ex heredibus solidum præstiterit, repetitionem habebit a coherede familiæ erciscundæ judicio.

(2) D., L. 25, § 10, *Fam. ercisc.*

(3) D., L. 2, § 5, *De verb. oblig.* Si ita stipulatus fuero, per te non fieri neque per heredem tuum quominus mihi agere liceat, et unus ex pluribus heredibus prohibuerit, tenentur quidem et coheredes ejus, sed familiæ erciscundæ judicio ab eo repetent quod præstiterint. V. aussi D., L. 11, *Famil. ercisc.*

Du reste les règles dont nous venons d'exposer les éléments sur le payement de l'obligation indivisible, cessent dès que cette obligation se résout par suite d'inexécution en dommages et intérêts; car les dommages et intérêts consistent toujours en une somme d'argent et constituent par conséquent une prestation divisible. On en revient alors aux principes généraux, et la condamnation est prononcée contre chaque héritier au prorata de sa part héréditaire (1).

Ainsi, à part les cas exceptionnels que nous venons de parcourir rapidement, en règle générale les dettes se divisent de plein droit entre les héritiers du défunt, proportionnellement à la part héréditaire de chacun d'eux. Par l'effet de cette division, chaque dette forme autant de nouvelles dettes, indépendantes les unes des autres, qu'il y a d'héritiers, sans que le créancier puisse demander à l'un ce qu'il n'a pas reçu de l'autre. Ce principe pouvait avoir pour lui des conséquences rigoureuses. Il a contracté avec un débiteur entièrement solvable; celui-ci meurt laissant plusieurs héritiers. La dette primitive va se diviser entre eux, et le créancier aura désormais plusieurs débiteurs au lieu d'un. C'est là un premier inconvénient, puisque pour obtenir ce qui lui est dû, il sera forcé d'intenter plusieurs actions séparées. Ce n'est pas tout encore : peut-être quelques-uns de ces héritiers sont insolvables ou vont le devenir; alors le créancier qui ne peut pas

---

(1) D., L. 25, § 9, *Famil. ercisc.* Sed verius est non venire eam (la stipulation d'une *via*) in judicium, sed omnibus in solidum competere actionem : et si non præstetur via, pro parte hereditaria condemnationem fieri oportet.

demander à ses cohéritiers la part de l'insolvable,
bien qu'ils détiennent une partie des biens de la succession, éprouvera un sérieux dommage. Pour faire
face à ce danger, le créancier pouvait s'opposer à la
confusion des biens du *de cujus* avec ceux de ses héritiers en demandant la séparation des patrimoines dont
nous allons parler au chapitre qui suit, et qui faisait
indirectement obstacle à la division des dettes. Le
juge de l'action en partage venait aussi à son secours :
il pouvait charger l'un des cohéritiers d'acquitter seul
l'intégralité de la dette. Gaïus, qui nous indique ce
moyen, nous apprend en même temps qu'il sera facile
en mettant dans son lot une part correspondante d'actif,
d'éviter tout recours ultérieur des cohéritiers entre
eux : *Plane ad officium judicis nonnunquam pertinet,
ut debita et credita singulis pro solido aliis alia attribuat :
quia sæpe et solutio et exactio partium non minima in-
commoda habet* (1). Le jurisconsulte ajoute que cette
attribution n'aura pas pour effet de rendre ce cohéritier seul débiteur de la dette; mais il pourra néanmoins être poursuivi pour le tout : *partim suo nomine,
partim procuratorio nomine.*

(1) D., L. 3, *Famil. ercisc.*

CHAPITRE III.

DE LA SÉPARATION DE BIENS.

La transmission héréditaire de tous les droits actifs et passifs du *de cujus* sur la tête de son héritier testamentaire ou *ab intestat*, a pour effet d'opérer une confusion complète des deux patrimoines. Les créanciers du défunt deviennent les créanciers personnels de son successeur, ses débiteurs deviennent les siens au même titre et sur le même rang que ceux avec qui il avait directement et personnellement contracté. Cette confusion peut faire naître un double danger : danger pour l'héritier d'abord ou ses créanciers antérieurs, car si le passif de la succession en dépasse l'actif, l'héritier verra ses propres biens devenir le gage des créanciers héréditaires qui concourront avec ses créanciers personnels ; danger pour les créanciers héréditaires si c'est la position de l'héritier qui est mauvaise, car ils sont obligés de subir sur les biens de la succession, jusque-là exclusivement affectés à la sûreté de leurs dettes, le concours des créanciers de l'héritier.

Contre ce double danger, le droit civil, dans sa rigueur, n'offrait pas de remède. Seulement certains héritiers avaient la faculté de répudier l'hérédité qui leur était dévolue ; à ce point de vue, le droit romain faisait entre les héritiers, soit testamentaires, soit légitimes, une triple distinction basée sur la qualité propre de chacun. Il distinguait les héritiers nécessaires, les héritiers siens et nécessaires, les héritiers externes (1). On appelait héritier nécessaire l'esclave institué par son maître, héritier sien et nécessaire le fils de famille appelé à la succession de son père par le testament de celui-ci ou par la loi ; les héritiers externes comprenaient tous ceux qui ne rentraient pas dans les catégories précédentes. Ces derniers restaient toujours maîtres d'accepter ou de répudier l'hérédité, et par conséquent de s'obliger ou non vis-à-vis des créanciers du défunt. Il n'en était pas de même des autres héritiers : la succession leur était acquise de plein droit ; qu'ils le voulussent ou non, ils étaient héritiers, c'est-à-dire tenus des dettes.

Le préteur vint au secours des uns et des autres, des créanciers et des héritiers qui ne trouvaient pas dans le droit civil les moyens d'éviter cette confusion des biens du défunt avec ceux de son successeur, qui pouvait leur être si préjudiciable. Il permit aux créanciers de demander et d'obtenir la séparation des patrimoines, et ce même bénéfice put aussi être invoqué par l'héritier nécessaire. Il accorda aux héritiers siens et nécessaires ce que les commentateurs modernes ont nommé le bénéfice d'abstention ; enfin il assura aux

---

(1) Justin. Inst., lib. 2, tit. 19.

héritiers externes un délai suffisant pour s'éclairer sur le parti qu'ils devaient prendre sans être inquiétés par les créanciers héréditaires, et Justinien, complétant ce système, leur fournit, à l'aide du bénéfice d'inventaire, le moyen d'accepter sans courir aucun risque.

Nous allons étudier successivement ces diverses institutions, surtout au point de vue de leur influence sur le payement des dettes de la succession, en commençant par la séparation des patrimoines. Ainsi que nous le disions tout à l'heure, ce bénéfice appartient soit aux créanciers ou aux légataires du défunt, soit à certains héritiers, soit même, dans certains cas exceptionnels, aux créanciers de l'héritier. Quelles que fussent les personnes qui la demandaient, sa forme et ses effets étaient les mêmes.

Les jurisconsultes romains ne nous ont pas donné de définition précise de la séparation des patrimoines. Les commentateurs modernes l'ont tenté : *Separatio bonorum*, dit Voët, *est diversorum patrimoniorum ad eamdem personam pertinentium distinctio* (1). La séparation de biens est la distinction de plusieurs patrimoines appartenant à une seule personne. C'est une fiction de droit qui fait revivre le défunt représenté par son patrimoine, rescinde l'adition d'hérédité et la confusion qui en était la suite, et remet les choses au même état que si le *de cujus* existait encore.

Cette séparation s'obtenait par un décret du préteur ou du président (2); il ne suffisait pas de ne pas

(1) Voët, Comment. ad Pandect., *De separat. bon.*, § 1.
(2) Sciendum est separationem solere impetrari decreto prætorio (D., L. 1, *De separat.*).

s'immiscer à l'hérédité. Ce décret était rendu *cognita causa*, après examen de l'affaire, sans que le magistrat pût déléguer ses pouvoirs, et il ne devait accorder la séparation qu'après avoir vérifié que ceux qui en formaient la demande étaient en droit de l'obtenir, et que cette demande était faite en temps opportun (1).

Ce chapitre sera divisé en trois sections. Dans la première nous examinerons par quelles personnes la séparation peut être demandée; nous verrons dans la seconde à quel moment elle ne peut plus l'être. Enfin une troisième section traitera des effets de la séparation obtenue.

SECTION PREMIÈRE.

Par qui la séparation des patrimoines peut-elle être demandée?

Nous avons vu qu'elle était accordée soit à certains héritiers, soit aux créanciers ou légataires du défunt, soit même par exception aux créanciers de l'héritier. Occupons-nous d'abord des cas où elle est donnée à des héritiers ou à leurs créanciers.

Le plus connu et le plus fréquent de ces cas est celui de l'héritier nécessaire. L'esclave institué héritier par son maître qui l'affranchissait en même temps, soit expressément, soit tacitement comme il fut permis de le faire depuis Justinien, ne pouvait ni répudier l'hé-

(1) D., L. 1, § 11, hoc. tit.

rédité comme l'héritier externe, ni user du bénéfice d'abstention comme l'héritier sien et nécessaire; il était nécessairement héritier : *Sive nolit, sive velit,* dit Justinien, *omnino post mortem testatoris protinus liber et necessarius heres fit* (1). Mais si la succession était mauvaise, pour remédier aux inconvénients qu'eût entraînés la confusion des patrimoines, il pouvait demander et obtenir la séparation de biens; il suffisait qu'il n'eût pas touché aux biens de l'hérédité, *si non attigerit bona patroni,* dit Ulpien (2). C'était là sans doute une des applications les plus ordinaires de cette institution. Gaïus et Justinien, après lui (3), nous apprennent que les esclaves étaient le plus souvent institués héritiers par leurs maîtres qui, se sachant insolvables, voulaient éviter que la vente de leurs biens ne se fît en leur nom. En effet, grâce à cette séparation, l'héritier nécessaire mettait à couvert des poursuites des créanciers du défunt tous les biens qu'il pouvait acquérir par la suite, et les créances mêmes qu'il pouvait avoir contre le testateur (4). Mais il n'en restait pas moins héritier; c'est sous son nom qu'étaient vendus les biens de la succession, ceux-là même qui n'étaient recueillis qu'après le décès du *de cujus,* tels que la succession d'un Latin junien affranchi par lui; lui seul était noté d'infamie, bien que le jurisconsulte Sabinus eût essayé de lui épargner une peine qu'il n'avait point encourue par sa faute; mais nous

(1) Inst. Just., lib. 2, tit. 19, § 1.
(2) Dig., L. 1, § 18, *De separat.*
(3) Inst. Just., *loc. citat.;* Gaïus, Comment. 2, §§ 153-155.
(4) Dig., L. 1, § 18, *De separat.*

savons par Gaïus que cette opinion isolée n'avait jamais prévalu. Elle était assurément plus équitable ; mais on n'avait pas voulu, en l'adoptant, enlever au citoyen la dernière ressource qui lui restât, tant qu'il possédait un esclave capable d'être institué héritier, pour éviter l'ignominie d'une faillite.

Les textes nous fournissent un autre exemple d'un héritier forcé de faire adition d'une succession quelle qu'elle soit, et au secours duquel le préteur mettait encore le bénéfice de la séparation de biens. Un héritier est forcé, sans doute en vertu du sénatus-consulte Pégasien, d'accepter une succession qu'il sait mauvaise, mais qu'il est chargé de restituer à titre de fidéicommis ; puis il ne se présente personne entre les mains de qui il puisse opérer cette restitution. Le préteur lui accordera, s'il la demande, la séparation de biens ; et un rescrit d'Antonin, qu'Ulpien nous a conservé, décida que, dans ce cas, les biens seraient vendus sous le nom du testateur comme si l'adition d'hérédité n'avait pas eu lieu (1). S'il gardait le silence, s'il restait dans l'inaction, ses propres créanciers pourraient demander et obtenir cette séparation.

Dans les deux cas que nous venons d'examiner, la séparation de biens est accordée par le préteur parce que l'héritier n'a pas été libre de refuser l'hérédité mauvaise qui lui était déférée. Nous allons maintenant trouver des espèces où le préteur accorde ce bénéfice, bien que l'héritier n'ait pas été contraint d'accepter.

Supposons une affranchie instituée héritière par

(1) Dig., L. 1, § 0, *De separat.*

un testateur insolvable (1); néanmoins elle demande la possession de biens *secundum tabulas*. Puis elle meurt, laissant pour héritier son patron qui trouve dans sa succession, d'une part les biens personnels de l'affranchie, d'autre part cette hérédité mauvaise qui lui est venue par testament. Dans l'opinion du jurisconsulte Julien, il n'est pas contraire au droit de venir au secours du patron par la séparation de biens qui lui permettra de garder les biens personnels de l'affranchie, tout en abandonnant la succession mauvaise qui lui vient du dehors. Le motif qu'il en donne, c'est qu'il ne doit pas être accablé sous le poids des dettes que l'affranchie a contractées en demandant la possession de biens *secundum tabulas*.

Il y avait en outre lieu à une sorte de séparation de biens dans un cas spécial de substitution. La substitution pupillaire étant *pars et sequela testamenti* du père de famille, le substitué pupillaire devrait régulièrement accepter ou répudier tout à la fois et l'hérédité du père et l'hérédité du pupille, mais si les biens du père sont obérés, il peut devant le préteur se prévaloir du bénéfice d'abstention comme pouvait le faire le pupille lui-même. De cette sorte le substitué ne craindra pas d'accepter, et le pupille ne mourra pas *intestat* (2).

Il est facile de voir l'analogie qui lie ces décisions. Ici et là c'est un même individu recueillant à la fois

---

(1) Dig., L. 6, § 1, eod. tit.
(2) D., L. 10, § 2, *De vulg. et pupil. substitut.*; D., L. 12, eod. tit.; L. 12, D., L. 29, tit. 2, *De a. q. vell omitt. hered.*; L. 23, D., L. 42, tit. 5, *De reb. auct. jud. pos.*

deux successions, forcé d'accepter la mauvaise pour ne pas répudier la bonne ; dans une certaine mesure, c'est encore un héritier malgré lui. Le préteur, après avoir donné la séparation de biens à l'héritier nécessaire devait, par une tendance naturelle, communiquer le même avantage à ces héritiers dans une position moins intéressante sans doute, mais qui, placés dans l'alternative de refuser les deux hérédités ou d'accepter même celle qui ne valait rien, pouvaient mériter et ont en effet mérité sa faveur (1).

La séparation de biens peut être également demandée et obtenue par les créanciers ou les légataires du défunt ; c'est même son application la plus fréquente. Il est facile de montrer tous les avantages qu'elle leur procure.

Le *de cujus* laisse en mourant une situation excellente. L'actif de sa succession dépasse de beaucoup son passif, et même il restera, les dettes payées, des forces suffisantes pour acquitter tous les legs. Il n'en est pas de même de son héritier, dont la fortune se trouve cruellement obérée. Par l'effet de la transmission héréditaire, les créanciers personnels de l'héritier acquerront sur les biens héréditaires des droits égaux à ceux des créanciers héréditaires eux-mêmes. Le nombre des créanciers va se trouver augmenté hors de proportion avec les biens qui forment leur gage

______

(1) Les textes parlent aussi d'une séparation accordée au fils de famille, en vertu de laquelle celui-ci pouvait distraire son pécule du patrimoine paternel, si les biens de son père étaient saisis par le fisc, séparation qui leur aurait été accordée par une constitution de Claude (D., L. 3, § 4, *De minor. viginti quinque annis*). Nous n'avons pas à nous en occuper ici.

commun, et les créanciers héréditaires, qui pouvaient compter sur un payement intégral du vivant de celui avec qui ils avaient contracté, seront réduits à se contenter d'un dividende peut-être insignifiant. Pour les légataires, le préjudice sera plus apparent encore ; primés non-seulement par les créanciers du *de cujus*, mais aussi par les créanciers de l'héritier, ils ne toucheront rien de la libéralité qui leur a été faite. C'est pour obvier à ce danger qu'ils ne pouvaient ni empêcher ni prévoir que le préteur leur accorda, sur leur demande, la séparation des deux patrimoines (1).

On conçoit une hypothèse inverse. C'est l'héritier peut-être qui est solvable, c'est le *de cujus* qui ne l'est pas ; c'est lui dont la succession insuffisante va grossir démesurément le nombre des créanciers personnels de l'héritier, et toutes les conséquences que nous signalions tout à l'heure vont se produire, mais en sens inverse et au préjudice des créanciers de l'héritier. Cependant ceux-ci n'obtiendront pas la séparation des patrimoines : c'est qu'il est toujours permis à un débiteur, en contractant de nouvelles dettes, d'aggraver la position de ses créanciers antérieurs (2). En acceptant la succession à laquelle il est appelé, l'héritier s'engage vis-à-vis des créanciers héréditaires ; mais il était toujours le maître de contracter de nouvelles obligations, sans que ses créanciers puissent se plaindre. En traitant avec l'héritier, ses créanciers person-

---

nels ont suivi sa foi ; nous verrons bientôt que les créanciers héréditaires perdent le droit d'obtenir la séparation de biens du moment qu'ils suivent la foi de l'héritier et qu'ils l'acceptent comme débiteur. A plus forte raison ceux qui n'ont traité qu'avec lui ne peuvent-ils jamais l'obtenir. C'était à eux de veiller sur leurs intérêts, de prendre des sûretés ; ils doivent supporter toutes les suites d'une confiance imprudemment accordée : *Sibi enim imputent*, dit Ulpien, *qui cum tali contraxerunt* (1).

Si cependant il y avait eu fraude et mauvaise foi dans l'acceptation de la succession, on se relâchait un peu de cette rigueur. Même dans ce cas, Ulpien commence par dire qu'il n'y a point de remède (2) : *nullum remedium est proditum*, puis il convient que le préteur pourra venir au secours des créanciers de l'héritier, à l'encontre de la fraude de leur débiteur, tout en ajoutant que ce tempérament n'a point été admis sans difficulté, et qu'il ne faut en user qu'avec une grande réserve : *Quod non facile admissum est.*

Notons en passant un autre cas où les créanciers pourront obtenir la séparation. C'est encore Ulpien qui nous l'apprend (3). Il suppose la mise en vente des biens d'un fils de famille qui a un pécule castrens : y aura-t-il séparation entre les créanciers castrens et les autres ? Non ; ils devront tous être admis ensemble à subir le concours. Néanmoins les créanciers castrens

(1) D., l.. 1, § 5, *De sep.*, id., § 2.
(2) D., cod lit., ead. leg.
(3) Dig., l.. 1, § 9, *De separot.*

pourront se faire payer sur les biens composant le pécule castrens, à l'exception de deux classes de créanciers : d'abord de ceux qui ont contracté avec le fils
de famille avant qu'il ne fût soldat; ils ne pouvaient
pas compter en effet sur des biens qu'il n'a acquis et
qu'il ne pouvait acquérir qu'en qualité de militaire :
en second lieu de ceux dont la créance a tourné au
profit du père de famille. Ils ont la faculté d'actionner
ce dernier, et l'on peut équitablement leur refuser de
venir concourir sur les biens du pécule avec les créanciers qui n'ont pas d'autre gage.

Revenons aux créanciers du défunt.

Il importe peu, pour que les créanciers puissent demander la séparation contre l'héritier, qu'il vienne à
la succession comme institué en première ligne ou
comme substitué à un autre héritier prédécédé. Supposons, en effet, un père qui institue son fils encore
impubère, et lui substitue un héritier étranger. Le fils
recueille la succession de son père, mais il meurt
avant d'avoir atteint l'âge de puberté, et les deux
hérédités sont déférées ensemble au substitué. C'est en
son nom que les biens sont vendus. Non-seulement les
créanciers du père pourront demander la séparation
de biens à l'égard des créanciers de l'impubère aussi
bien que de ceux de l'héritier, mais les créanciers de
l'impubère eux-mêmes pourront l'obtenir contre ceux
de l'héritier (1). Ils ne pourraient pas l'obtenir contre
les créanciers du père, parce que leur auteur l'impu-

(1) D., L. 1, § 7, *De separat.*

bère joue le double rôle d'héritier vis-à-vis de son père, et de *de cujus* vis-à-vis du substitué dont les biens sont mis en vente. Ses créanciers personnels seront créanciers héréditaires au regard des créanciers du substitué, mais créanciers de l'héritier au regard des créanciers du testateur. Ils pourront demander la séparation à l'égard des premiers, ils ne le pourront pas à l'égard des seconds.

Ces règles sont encore mieux mises en lumière par le fragment d'Ulpien qui forme au Dig. la loi 1, § 8, du titre que nous commentons. Le jurisconsulte suppose trois personnes : la première instituant la seconde, et la troisième instituée par celle-ci. Puis les biens sont mis en vente sur Tertius, sur la tête de qui l'hérédité est venue en dernier lieu se reposer. On appliquera à cette espèce les règles que nous venons d'exposer. Les créanciers de Primus, sans contestation possible, exerceront le droit de séparation à l'encontre de tous autres créanciers; ceux de Tertius, au contraire, ne le pourront jamais. Les créanciers de Secundus se trouveront, et par les mêmes raisons, dans la position qui était faite dans l'exemple précédent aux créanciers de l'impubère; ils obtiendront la séparation de biens à l'égard des créanciers de Tertius, mais ils ne pourront pas empêcher ceux de Primus de venir concourir avec eux sur les biens de Secundus, si ces derniers ne demandent pas en leur nom la séparation des patrimoines.

Quels sont les créanciers qui peuvent demander et

obtenir la séparation du patrimoine du défunt et de celui de l'héritier?

Il faut répondre de la manière la plus générale : tous les créanciers, à quelque titre qu'ils soient créanciers, même les créanciers hypothécaires, bien que la séparation pût leur sembler inutile, puisque leur dette est déjà garantie par une hypothèque. Mais il possible que cette hypothèque soit insuffisante, la séparation alors ne sera plus un remède superflu; ils ont donc un intérêt suffisant pour légitimer leur demande.

Elle peut être accordée même à des créanciers qui n'auraient pas pu poursuivre le défunt. Le défunt a contracté une obligation à terme, et le terme choisi est précisément le moment de sa mort, ou bien encore le défunt, en s'engageant d'une manière quelconque, a fourni un fidéjusseur qui paye le créancier et devient ainsi créancier lui-même du débiteur principal; seulement il n'a fait ce payement, et, par conséquent, sa créance n'a pris naissance qu'après le décès du testateur. Ni dans l'un ni dans l'autre de ces deux exemples qui sont fournis par Gaïus, le *de cujus* ne pouvait être poursuivi de son vivant. Pourtant ce sont là des dettes héréditaires, le jurisconsulte nous le dit formellement (1). Les créanciers remplissent donc les conditions exigées par le préteur, et lorsqu'ils demanderont la séparation de biens, s'ils font valoir un intérêt sérieux, il ne pourra pas la leur refuser.

(1) Hereditarium æs alienum intelligitur etiam id de quo cum defuncto agi non poterit; veluti quod is quum moreretur daturum se promisisset, item quod is qui pro defuncto fidejussit post mortem ejus solvit (D., L. 7, *De reb. auct. jud. poss.*).

La question ne peut pas faire de doute en ce qui
concerne les créanciers à terme ou conditionnels, bien
qu'ils ne puissent pas exiger le payement immédiat
de ce qui leur est dû. Cette demande ne saurait être
considérée que comme une de ces mesures conser-
vatoires dont on a toujours reconnu qu'ils pouvaient user : *Quoniam et ipsis cautione communi con-
suletur* (1).

La réunion sur la tête du même individu de la double qualité de créancier et d'héritier ne l'empêcherait
pas de demander cette séparation. Nous devons naturellement supposer qu'il a des cohéritiers, sans quoi la
question ne pourrait même pas se poser ; elle est tran-
chée dans le sens que j'indique par un rescrit des empereurs Dioclétien et Maximien qui forme la loi 7 *De*
bon. auctor jud., au Code. Une femme vient en concours avec deux autres cohéritiers à la succession d'un
oncle dont elle était créancière. La dette ne s'éteint
par confusion que jusqu'à concurrence de la part pour
laquelle le créancier est héritier ; pour le reste, dans
l'espèce les deux tiers, elle subsiste à la charge des
cohéritiers à qui la femme pourra en demander le payement. Mais ils peuvent être insolvables, et c'est contre
cette insolvabilité possible que la femme se mettra à
couvert en demandant la séparation des patrimoines.
Sin autem coheredes solvendo non sint, répondent les
deux empereurs à celui qui les consulte, *separatione
postulata, nullum ei damnum fieri patiatur.* Le ton af-

---

(1) D , L.. 1, in princ., *De separat.*

firmatif de ce rescrit montre même qu'on n'avait pas prévu la possibilité d'un doute (1).

On décidait de même dans une autre espèce beaucoup plus délicate, où il semblerait au premier abord que la séparation des patrimoines ne pouvait pas être accordée, et qui cependant, Papinien nous l'apprend, était résolue en faveur du créancier (2).

Il faut supposer qu'un débiteur, dans une situation de fortune embarrassée, devient héritier d'un individu qui antérieurement s'était porté fidéjusseur pour lui. Papinien enseigne que le créancier pourra demander et obtenir la séparation des patrimoines, sans distinguer si son débiteur est seul appelé à la succession ou s'il a des cohéritiers. Cependant la confusion qui s'est opérée par suite de la transmission héréditaire des droits du fidéjusseur sur la tête du débiteur principal, a eu pour effet d'éteindre l'obligation accessoire du fidéjusseur et de ne laisser plus subsister que celle du débiteur principal (3). Dès lors le créancier, réduit à une seule créance, à une seule action contre l'héritier, devrait cesser d'être rangé au nombre des créanciers héréditaires, être traité comme les créanciers personnels de l'héritier, et en cette qualité déclaré non recevable à demander la séparation des biens. Ce n'est pas à cette décision que s'arrête le jurisconsulte ; il a considéré qu'il serait trop dur d'appliquer dans toutes

(1) Cod., L. 7, *De bon. auct. jud. possid.*
(2) D , L. 8, in princ., *De separat.*
(3) Cum reus promittendi fidejussori suo heres institit, obligatio fidejussoria perimitur (D., L. 11, *De fidejussoribus*).

ses conséquences ce principe de droit qui fait disparaître l'obligation accessoire du fidéjusseur par suite
de la confusion des personnes, et l'absorbe dans l'o-
bligation principale demeurée seule (1). Il a pensé
qu'il serait inique d'infliger un pareil dommage à un
créancier qui avait pris toutes les précautions exigées
par la prudence pour conjurer tous les dangers et s'assurer deux débiteurs. Il décide donc que le créancier
devra obtenir la séparation des biens s'il la demande ;
et il faut même admettre par exception que s'il n'est
pas intégralement payé sur les biens dont il aura demandé la séparation, il ne sera pas forcé de s'en contenter; mais il pourra venir sur les biens du débiteur
principal en concours avec ses autres créanciers,
comme s'il n'avait pas demandé la séparation. En effet,
si le débiteur principal n'avait pas fait adition de
l'hérédité qui lui était déférée, le créancier eût pu sans
doute, après la discussion du fidéjusseur, se faire payer
ce qui lui était encore dû par le débiteur principal au
marc le franc et sur le même pied que les autres créanciers. Il n'y a pas plus de raison pour lui enlever cet
avantage et lui retirer le bénéfice des sûretés qu'il
avait prises (2).

Nous avons déjà dit plus haut que les héritiers,
dans certains cas déterminés, et les créanciers héréditaires n'étaient pas les seuls qui puissent jouir du bénéfice du préteur ; il reste encore les légataires du dé-

---

(1) Pellat, *Textes expliqués sur l'extinction des obligations*, ad leg. 95, *De solut.*, § 5, p. 221 et suiv.

(2) Pellat, *loc. citat.*, p. 211 ; Voët, Comment. ad Pand., § 2, *De separ.*

funt. Cela allait de soi, puisqu'ils peuvent se faire envoyer en possession des biens qui restent. Il est bien entendu qu'ils ne pourront faire valoir les droits qu'ils tiennent de la libéralité du défunt qu'après que ses créanciers auront été tous et complétement désintéressés (1). Mais ils passeront sur les biens qui ont fait l'objet de la séparation des patrimoines, avant les créanciers personnels de l'héritier. C'est ce qu'exprimait le jurisconsulte Paul en disant : *Hereditariarum actionum loco habentur et legata, quamvis ab herede cœperint* (2).

Si nous nous trouvions en présence de legs faits par le défunt et de legs faits par l'héritier, après la mort de celui-ci, les premiers devraient être préférés, car les titulaires de ces legs pouvaient actionner l'héritier de son vivant même, puisque les legs sont exigés comme des créances, sans toutefois pouvoir primer les créanciers de celui qui les a gratifiés (3).

SECTION II.

Jusqu'à quel moment la separation peut-elle être demandée?

L'héritier et ses créanciers personnels ont un intérêt évident à connaître quelle sera la conduite des

(1) D., L. 6, *De separat.*; id., L. 4, § 1, hoc. tit.
(2) D., L. 10, *De obligat. et action.*
(3) Cod., L. 1, *De bon. auc. jud. possid.*

créanciers héréditaires, s'ils entendent se réserver exclusivement les biens du défunt, ou s'ils acceptent la confusion des deux patrimoines avec toutes ses conséquences. Aussi la séparation ne peut plus être obtenue lorsqu'il s'est écoulé un trop long temps depuis l'adition de l'hérédité, et le terme du délai a été fixé à cinq ans : *Ultra quinquennium post aditionem numerandum*, dit Ulpien, *separatio non postuletur* (1).

Mais avant même que ce terme ait été atteint, les créanciers héréditaires peuvent perdre, soit volontairement soit involontairement la faculté do demander la séparation des patrimoines. Ils sont présumés y avoir renoncé, lorsqu'ils ont accepté l'héritier pour débiteur; ils en ont perdu l'exercico lorsqu'il s'est opéré entre les biens du défunt et ceux de l'héritier une confusion qui empêche de les distinguer. Occupons-nous d'abord du premier cas.

Les créanciers héréditaires qui veulent obtenir la séparation des patrimoines doivent se garder de stipuler do l'héritier avec l'intention de nover (2). S'ils l'ont fait, la novation substitue à la créance qu'ils avaient contre le défunt une obligation nouvelle dont l'héritier est tenu; c'est l'héritier dont ils ont suivi la foi, c'est lui qu'ils ont choisi pour débiteur, ils ne peuvent plus désormais se séparer de lui. Si donc le créancier a reçu les intérêts de sa créance avec l'intention d'accepter l'héritier pour débiteur, s'il a reçu de lui une caution ou un gage, de quelque manière,

(1) D., L. 1, § 13, *De separat.*
(2) D., L. 1, § 10, *De separat.*

en un mot qu'il ait manifesté la volonté de faire novation et de suivre la foi de l'héritier, il a renoncé à
la faculté de demander la séparation de biens, il ne
peut plus l'obtenir, alors même que le gage serait
démontré insuffisant et la caution insolvable. Dans ce
cas il a commis une faute dont les conséquences re-
tomberont sur lui. *Et sibi imputent*, dit Ulpien, *cur
minus idoneos fidejussores accipiebant* (1). Toutefois on
ne saurait voir l'intention de nover dans le fait que les
créanciers ont actionné l'héritier en jugement; ils
étaient bien forcés de le faire, et ils pourront encore
demander et obtenir la séparation des patrimoines (2).

Le second événement qui peut faire perdre aux
créanciers la faculté d'user de ce bénéfice, c'est la
confusion opérée entre les biens héréditaires et ceux
du défunt. *Confusis enim bonis et unitis, separatio
impetrari non potest* (3). Il est vrai qu'il y a certains
biens d'une nature telle qu'ils ne peuvent jamais être
confondus avec ceux de l'héritier, et à l'égard desquels
la séparation pourra toujours être demandée : tels sont
les esclaves, les troupeaux, les métairies, en un mot
les immeubles. Il ne faudrait pas dans ce cas s'arrêter
aux réponses de l'héritier ou de ses créanciers qui
allégueraient une confusion à peu près impossible par
la nature même des choses, sauf dans des cas très-
difficiles à déterminer (4).

(1) D., ead. leg., §§ 11 et 15.
(2) Qui judicium dictaverunt heredi, separationem quasi hereditarii possunt impetrare, quia ex necessitate hoc fecerunt (D., L. 7, *De separat.*).
(3) D., L. 1, § 12, hoc. tit.
(4) D., *loc. citat.*

Il en est de même, c'est-à-dire que la séparation
est impossible, lorsque les biens héréditaires ne sont
plus aux mains de l'héritier. Elle est impossible d'une
manière absolue, si c'est l'hérédité elle-même qui a
été vendue par lui; d'une manière relative, si la vente
n'a eu pour objet que certains objets de la succession.
Nous supposons, bien entendu, que l'héritier a agi de
bonne foi; les actes qu'il a faits de bonne foi dans l'intervalle de l'adition d'hérédité au moment où les
créanciers ont formé leur demande, doivent être respectés : *Nam quæ bona fide medio tempore per heredem
gesta sunt*, dit Papinien, *rata conservari solent* (1).

Néanmoins, si le prix de l'hérédité ou des choses
héréditaires restait encore dû par l'acheteur, Voët
pense, et avec raison selon nous, que les créanciers
du défunt pourraient encore demander la séparation
au moins à l'égard du prix, puisque dans les actions
qui ont pour objet une universalité, le prix de la chose
est subrogé à la chose elle-même, et tel est le caractère de la demande en séparation qui embrasse l'hérédité tout entière. On pourrait objecter, il est vrai,
que l'héritier a pu vendre même une succession mauvaise, et que le prix de cette vente, dû à l'impéritie
de l'acheteur, ne devrait pas plus profiter aux créanciers qu'il ne profiterait aux légataires, et Paul nous
apprend en effet que dans ce cas les légataires ne re-
tireraient rien de cette vente (2). Mais ce raisonne-

(1) D., L. 2, *De separat.*
(2) D., L. 5, *ad leg. Facild.*

ment d'analogie serait peu concluant ; si dans l'espèce prévue par Paul, le prix de la vente d'une hérédité mauvaise ne profite pas aux légataires, dans l'hypothèse inverse d'une succession opulente vendue à vil prix, ils n'éprouvent aucun dommage. Les créanciers au contraire, dans ce dernier cas, subissent les conséquences de la mauvaise administration de l'héritier, comme l'atteste Papinien, loi 2, hoc. tit.; il n'est que juste de les faire participer en compensation au prix que l'héritier a retiré de la vente d'une hérédité mauvaise. Une fois le prix payé et l'argent confondu avec celui de l'héritier, la séparation n'est plus possible (1). Si l'héritier, au lieu de vendre les choses de l'hérédité, s'est contenté de les donner en gage (2), la séparation est toujours possible et produit son effet même relativement à ces objets, ainsi que nous le verrons dans la section suivante (3).

SECTION III.

Des effets de la séparation des patrimoines.

L'effet principal, ou pour mieux dire unique de la séparation de biens, c'est d'empêcher la confusion des deux patrimoines qui devraient n'en plus faire qu'un seul. Elle fait pour ainsi dire revivre le défunt, elle

(1) D., L. 78, *De solut.*
(2) D., L. 1, § 5, *De separat.*
(3) Voët, Com. ad Pand., § 4, *De separat.*

perpétue son existence juridique même après sa mort, et conserve son patrimoine en le mettant à l'abri des atteintes des créanciers personnels de l'héritier comme s'il vivait encore. Il faut toutefois faire une exception, que nous avons déjà indiquée page 35, au cas où la séparation est demandée et obtenue par l'héritier nécessaire. C'est en son nom propre, non pas en celui du testateur, que les biens héréditaires sont mis à l'encan ; c'était là en effet le but principal que le testateur avait en vue en instituant héritier son esclave. Le préteur n'avait garde de lui enlever cette consolation dernière. Hors ce cas exceptionnel, c'est au nom du défunt lui-même que les biens héréditaires étaient vendus (D., L. 1, § 6, *De separat.*)

Une autre conséquence de cette fiction prétorienne qui faisait revivre le défunt, c'est que ses créanciers étaient préférés sur ses biens à tous les créanciers personnels de l'héritier quels qu'ils fussent, même au fisc et aux municipes (1). Cette cause de préférence était si favorable qu'elle primait toutes les autres ; lors même qu'une chose de la succession avait été donnée en gage ou hypothéquée par l'héritier à un de ses créanciers, celui qui avait obtenu la séparation de biens avait la préférence. Un rescrit des empereurs Sévère et Antonin, qu'Ulpien nous rapporte, l'avait ainsi formellement décidé (2). La loi 2 de notre titre où Papinien nous enseigne que les actes faits de bonne

---

(1) D., L. 1, § 4, *De separat.*
(2) D., ead. leg., § 5, eod. tit.

foi par l'héritier *medio tempore* doivent être respectés, ne doit s'entendre que des actes d'aliénation ; et quand l ... même la constitution d'hypothèque ou l'engagement seraient antérieurs à la demande en séparation, du moment que cette demande a pu être utilement formée, le créancier qui l'a obtenue doit avoir la préférence sur la chose qui a fait l'objet de la constitution d'hypothèque ou du gage.

Les créanciers du défunt peuvent être nombreux ; si les quelques-uns seulement ont usé du bénéfice que leur offrait le prêteur, l'effet de la séparation ne sera pas communiqué à ceux qui ont négligé de s'assurer cet avantage ; ils resteront confondus dans le nombre des créanciers de l'héritier (1). Mais cette négligence ne doit pas profiter à leurs cocréanciers plus prévoyants qui ont demandé la séparation. Ceux-ci ne prendront pas pour eux tout l'actif héréditaire ; ils obtiendront seulement ce qu'ils auraient eu, si tous les créanciers avaient suivi leur exemple. Quant au reste, c'est-à-dire quant à ce qui serait revenu à leurs cocréanciers s'ils eussent demandé la séparation, il se confondra avec les biens de l'héritier et sera partagé au marc le franc entre ses créanciers personnels et les créanciers héréditaires descendus au même rang.

Il nous reste une dernière et importante question à examiner. Quelle était, relativement à l'héritier, la position des créanciers du défunt qui avaient demandé la séparation des patrimoines ?

____

(1) D., L. 1, § 16, *De separat.*

Écartons d'abord un cas sur lequel tout le monde était d'accord : c'est celui où le même individu se trouvait à la fois créancier du défunt et créancier de l'héritier. Nous en avons vu une application, lorsque le débiteur principal succède à son fidéjusseur. En tant que créancier héréditaire, le créancier pouvait demander la séparation de biens ; en tant que créancier personnel de l'héritier, s'il n'avait pas été intégralement désintéressé sur les biens du défunt, il pouvait concourir au marc le franc sur ses biens personnels (1).

Mais la question se pose dans l'espèce beaucoup plus ordinaire où cette double qualité n'était pas réunie sur la même tête. Tout le monde n'était pas d'accord sur la solution à y donner, et le Digeste nous a conservé le souvenir de la controverse qui s'était élevée à ce sujet entre les plus fameux jurisconsultes.

Si après que les créanciers héréditaires s'étaient fait payer sur les biens du défunt, il restait encore quelque chose de l'actif de la succession, il va sans dire, et nul n'avait songé à contester que ce superflu est attribué aux créanciers personnels de l'héritier ; en effet, il est acquis à l'héritier, et par conséquent il tombe dans le gage commun de ses créanciers (2).

Supposons, au contraire, que l'actif de la succession est épuisé avant l'acquittement intégral des dettes,

(1) D., L. 3, § 1, *De separat.*
(2) D., L. 5, § 2, *De separat.*

tandis que l'héritier est encore solvable. Paul pensait que les créanciers séparatistes ne pouvaient pas se retourner contre lui : *eo quod semel postulaverunt stare debent.* Sans doute, si plus tard l'héritier fait quelque acquisition nouvelle qui se rattache à la succession du défunt, *ex hereditate,* ils en profiteront, et le superflu, s'il en reste, passera après eux aux créanciers de l'héritier ; mais toutes les autres acquisitions leur seront étrangères. Le jurisconsulte allait plus loin, il n'admettait pas que les créanciers héréditaires pussent se faire payer sur les biens de l'héritier même, après que ses créanciers personnels avaient été désintéressés : *Recesserunt a persona heredis,* disait-il; ils n'ont pas voulu de l'héritier comme débiteur, ils doivent toujours rester pour lui des étrangers. C'est du défunt, maintenant représenté par son patrimoine, qu'ils ont suivi la foi, *bona secuti sunt,* dit-il énergiquement. Ce patrimoine, désormais déterminé par la mort, ne saurait s'augmenter. C'est sur le défunt lui-même qu'ils ont poursuivi la vente de ses biens, *quasi defuncti bona vendiderunt,* et un mort ne peut plus rien acquérir. Il en serait de même, bien que leur demande en séparation eût été le résultat d'une erreur, bien qu'ils eussent obtenu un dividende inférieur à celui des créanciers personnels de l'héritier. Ceux-ci, au contraire, ont pour gage ses propres biens, pour débiteur une personne vivante qui peut toujours acquérir, toujours tant qu'elle existe augmenter son patrimoine qui est leur gage (1).

(1) D., L. 5, *De separat.*

Telle était aussi l'opinion d'Ulpien ; comme Paul, il admet les créanciers de l'héritier à profiter de ce qui pourra rester des biens du *de cujus* après que les créanciers héréditaires auront été désintéressés, mais il refuse à ceux-ci toute participation aux biens de l'héritier. *Separatio enim quam ipsi petierunt, eos ab istis bonis separavit.* Il ne reproduit pas les raisons si juridiques de Paul, mais il fait remarquer que les créanciers héréditaires ne peuvent imputer qu'à eux-mêmes d'avoir imprudemment demandé la séparation en présence de la solvabilité de l'héritier. Toutefois, modérant la rigueur de sa décision, il reconnaît que s'ils ne sont coupables que d'une erreur excusable, ils pourront obtenir la rescision de la séparation (1).

Papinien, au contraire, enseignait que, dans tous les cas, les créanciers héréditaires pouvaient se faire payer sur les biens de l'héritier après que les créanciers de celui-ci ont été désintéressés. Dans le texte laconique que Justinien nous a transmis, il n'en donne point d'autre raison que l'équité : *Probari commodius est* (2).

La controverse qui existait à Rome sur les effets de la séparation des patrimoines, et qui nous est attestée par les textes dont on n'a jamais essayé une conciliation impossible, est agitée aujourd'hui encore sous l'empire du Code Napoléon, et les deux systèmes de Paul et de Papinien ont trouvé chacun leurs défenseurs. Nous croyons pouvoir démontrer, dans la se-

---

(1) D., l.. 1, § 17, *De separat.*
(2) *Id. ibid.*, L. 5, § 2.

conde partie de ce travail, que ni l'un ni l'autre ne
sont acceptables, à raison des modifications radicales
qu'a subies cette institution en passant du droit romain dans le nôtre. Mais à Rome, alors que la séparation avait pour effet de rescinder l'acceptation de
l'hérédité et faire revivre en quelque sorte le défunt,
nous serions porté à adopter la solution de Paul.
Nous n'apercevons pas ce que, dans le système
romain, on pouvait répondre à l'argumentation pres-
sante de ce jurisconsulte. Papinien et ses partisans (1)
ne se défendaient, du moins dans le court fragment
que Justinien nous a transmis, qu'en réclamant pour
les créanciers héréditaires le bénéfice d'une réciprocité équitable. Ne pouvait-on pas, avec Ulpien, leur
faire observer que s'ils étaient punis d'une demande
imprudente, ils ne pouvaient s'en prendre qu'à eux-
mêmes ? Pothier, qui a transporté dans notre droit
l'opinion de Papinien, dit bien qu'on ne peut pas ré-
torquer contre les créanciers un bénéfice introduit en
leur faveur ; mais cette explication, bonne chez nous
où la séparation n'efface plus l'adition d'hérédité,
n'était pas acceptable à Rome ; c'est qu'à Rome la
séparation fait revivre le défunt, et sa mort a désormais et définitivement fixé les biens qui devront servir
de gage à ses créanciers. Que si, après qu'ils sont
intégralement payés, il reste quelque chose, l'héritier,
et après lui ses propres créanciers, en profiteront ;
autrement que ferait-on de cet excédant ? Mais les

(1) Le texte de Paul : *Quidam putant*, etc. (L. 5, *loc. cit.*), prouve que
l'opinion de Papinien n'était pas isolée.

créanciers héréditaires doivent toujours se contenter du patrimoine du défunt ; à quel titre viendraient-ils sur celui de l'héritier qui n'est pas leur débiteur ? La preuve qu'il n'est pas leur débiteur, c'est que, s'ils l'acceptaient comme tel, à l'instant ils perdraient le droit de demander la séparation des patrimoines. Si donc il nous fallait prendre parti dans cette controverse, nous adopterions l'opinion de Paul et d'Ulpien, en leur permettant toutefois, avec ce dernier jurisconsulte, de revenir sur leur demande en séparation, si elle avait été le résultat d'une erreur.

CHAPITRE IV.

DU BÉNÉFICE D'ABSTENTION.

La seconde classe d'héritiers à qui l'hérédité est déférée de plein droit sans qu'ils aient besoin d'en faire adition ni qu'ils puissent la répudier, comprend les héritiers siens et nécessaires. C'est à eux, pour remédier aux conséquences fâcheuses de cette acquisition involontaire de l'hérédité, que le préteur accorde ce que les commentateurs modernes ont nommé le bénéfice d'abstention, et ce que les jurisconsultes romains appelaient simplement *facultas* ou *potestas abstinendi*, c'est-à-dire le droit de rester étrangers à la succession et de se mettre à couvert des dettes héréditaires, à la condition de ne pas toucher à l'actif et de l'abandonner tout entier aux créanciers.

SECTION I.

Qui peut l'obtenir ?

Ainsi que nous venons de le dire, le bénéfice d'abstention est donné aux héritiers siens et nécessaires, et il n'est donné qu'à eux seuls. L'esclave héritier nécessaire ne peut jamais l'obtenir, lors même qu'il serait impubère (1).

Que faut-il entendre par héritiers siens et nécessaires ? Fidèles à leur constante méthode, les jurisconsultes romains les énumèrent sans nous donner une définition qui les caractérise d'une manière générale : *Sui autem et necessarii heredes sunt velut filius, filiave, nepos neptisve ex filio deinceps ceteri qui modo in potestate morientis fuerunt* (2). On peut les définir : les enfants soumis à la puissance du défunt, devenus ses héritiers, soit qu'ils lui succèdent *ab intestat*, soit qu'ils aient été institués par lui (3). Ce mot *enfants* comprend aussi les petits-enfants, à la condition toutefois s'il s'agit de succession *ab intestat*, que par le prédécès de leur père ils occupent le premier rang dans la famille de leur aïeul. On les appelle héritiers nécessaires parce qu'ils le sont malgré eux, et héritiers siens parce qu'en vertu d'un certain droit de copropriété sur les biens de leur père dont ils jouissent même de son vivant, ils se succèdent pour ainsi dire à eux-mêmes : *Quia domestici heredes sunt, et vivo quoque parente quodammodo domini existimantur* (4).

La femme *in manu mariti*, ou la belle-fille soumise aussi à la *manus* de son mari fils de famille, pouvait également obtenir le bénéfice d'abstention ; cette solu-

<hr>

(1) D., L. 37, § 2, *De acquir. vel omitt. heredit.*
(2) Gaïus, Comment. 2, § 156 ; Just. Inst., lib. 2, tit. 19, § 2.
(3) Ortolan, *Inst. expl.*, t. 2, p. 537.
(4) Gaïus, Comment. 2, § 157 ; Just. Inst., *loco supra citato.*

tion était conforme aux principes, puisque dans cette situation la femme était traitée comme la fille de son mari, *quia filiæ loco est;* et la belle-fille étant considérée comme la fille de son mari, devenait ainsi la petite-fille du père de famille, *quia neptis loco est* (1). Ce qui était moins logique, c'est qu'on accordait cette même faculté de s'abstenir à l'individu *in mancipium,* affranchi et institué par celui qui l'avait sous sa puissance (2). Il n'était cependant qu'un héritier nécessaire, et il semble qu'en cette qualité il n'aurait dû jouir que du bénéfice de séparation. Mais, ainsi que nous l'avons vu, le bénéfice de séparation des patrimoines n'empêchait pas que les biens ne fussent vendus et que la note d'infamie ne s'attachât au nom de celui qui l'avait obtenu, et sans doute on avait voulu se montrer moins rigoureux pour l'individu *in causa mancipii* que pour le véritable esclave.

Cette faculté de s'abstenir était transmise par les héritiers à leurs propres héritiers ; ils la trouvent dans la succession qui leur est déférée, et ils peuvent en user si leur auteur n'avait pas déjà pris parti. Ainsi un fils de famille meurt avant de savoir que par la mort de son père il est devenu son héritier, et laisse lui-même pour héritier son propre fils ; celui-ci aura le droit de s'abstenir de l'hérédité de son grand-père, parce que son père aurait joui de cette faculté (3), et la lui a transmise en mourant. Ulpien nous rapporte dans le

(1) Gaïus, id., § 159.
(2) Gaïus, id., § 160.
(3) D., L. 7, § 1; *De acquir. vel omitt. hæreditat.*

même sens un rescrit impérial qui décidait que le pupille n'avait pas besoin de demander la restitution *in integrum* contre les dettes contractées par son grand-père, lorsque son père avait résolu de ne pas accepter la succession, *non agnoscere hereditatem,* et qu'il n'avait ni détourné un objet de l'hérédité ni fait acte d'héritier (1).

Le bénéfice d'abstention était accordé non-seulement aux héritiers siens et nécessaires encore impubères, mais même à ceux qui avaient atteint l'âge de puberté. Toutefois, par une faveur due à la faiblesse de l'âge, les impubères pouvaient l'obtenir, même après s'être immiscés à l'hérédité, tandis que les pubères n'étaient plus alors recevables : *Sed impuberibus quidem, etiamsi se immiscuerint hereditati, præstat (p:ætor) abstinendi facultatem ; puberibus autem, ita si non se immiscuerint* (2). Cependant les pubères mineurs de vingt-cinq ans qui s'étaient imprudemment ingérés dans une hérédité mauvaise, n'étaient pas dénués de toute ressource, et le préteur venait à leur secours par les voies ordinaires de la *restitutio in integrum : Ex generali edicto de minoribus viginti quinque annis succurrit.* Cette partie de l'édit donnant la restitution *in integrum* au mineur de vingt-cinq ans qui

(1) D., L. 18, *De acquir. vel omitt.* hered. Le texte porte en tête : Et in semestribus Viviis Soteri et Victorino rescriptum est. Pothier pense qu'il faut lire probablement : In semestribus D. Severi. Les empereurs, en effet, s'entouraient d'un conseil de sénateurs qui se renouvelaient tous les six mois. Suétone (August., cap. 3) rapporte qu'Auguste institua ces conseils qu'on appelait *semestria,* et plusieurs fragments au Digeste en font mention (Poth., t. 2, in-fol., p. 210).

(2) D., L. 57, *De acq. vel omitt.* hered. Junge. L. 11, *ibid.*

avait fait, en qualité d'héritier externe, adition d'une succession mauvaise, on en avait conclu qu'il était aussi applicable au mineur héritier sien et nécessaire qui s'était mis dans la même position (1).

Quant à l'impubère, il pouvait s'abstenir sans avoir recours à la *restitutio in integrum*, non-seulement après avoir fait acte d'immixtion, mais même lorsqu'il avait été condamné en qualité d'héritier. C'est la décision qui fut donnée par le jurisconsulte Scévola dans une espèce où le pupille, après avoir été condamné pour une dette contractée par son grand-père, avait reçu un curateur; il était intervenu entre le créancier et le curateur un acte dont la teneur nous a été conservée : *Priscus procurator Cæsari dixit : Novellis curator dixit: abstineo pupillum. Priscus procurator Cæsaris dixit, responsum habes : scis quod debeas agere.* On demandait si, conformément à cet acte, le pupille devait être considéré comme jouissant du bénéfice d'abstention, et c'est à la question ainsi posée que le jurisconsulte répondait affirmativement. *Respondit : proponi abstentum.* (D., L. 21, *De auct. et cons. tutor*).

(1) D., L. 57, § 1, *De acq. vel omitt. hæredit.*

SECTION II.

Comment on l'obtient et comment on le perd.

Aucune formalité n'est nécessaire pour obtenir le bénéfice d'abstention; il n'était pas besoin, comme pour la séparation des patrimoines, d'aller trouver le préteur et de lui demander un décret: il suffit de ne pas avoir touché à l'hérédité : *Non esse necesse prætorem adire, sed sufficit se non miscuisse hereditati* (1). Néanmoins il résulte de certains textes (2), que nous examinerons plus loin, que le bénéfice d'abstention se produisait à un moment déterminé, puisqu'ils distinguent le cas où l'héritier a diverti un objet héréditaire avant ou après s'être abstenu, *antequam vel postquam se abstinuerit.* Pour que l'abstention se produise ainsi à un jour fixe, à une époque déterminée, de manière que le divertissement qui a lieu après l'abstention constitue, non pas une renonciation tacite à user de ce bénéfice, mais un véritable vol qui donne lieu à l'*actio furti*, il faut nécessairement supposer une manifestation de volonté positive sur la nature de laquelle les jurisconsultes ne s'expliquent pas (3).

L'héritier sien et nécessaire ne peut plus user du

(1) D., L. 12, *De acq. vel omitt. hered.*
(2) D., L. 71, § 4, et § 9, *ibid.*
(3) M. Demangeat, à son cours.

bénéfice d'abstention s'il s'est immiscé à l'hérédité, où s'il en a diverti ou recélé quelque objet.

L'immixtion n'est autre chose que l'adition appliquée aux héritiers siens et nécessaires; on pourrait définir l'immixtion une manifestation quelconque tacite ou expresse de la volonté de retenir la succession, volonté qui doit être absolue et sans condition (1). *Pro herede gerit*, dit Ulpien, *qui rebus hereditariis tanquam dominus utitur* (2). Tous les actes qui ne peuvent être faits qu'en qualité d'héritier entraînent immixtion; tel serait, par exemple, l'affranchissement d'un esclave du défunt (3), le payement de ses dettes (4), la continuation par le fils d'une société que le père avait commencée de son vivant, si toutefois il se contente d'achever ce que son père avait entrepris (5). Néanmoins, pour qu'un acte de cette nature entraîne immixtion, il faut qu'il ait été fait en connaissance de cause, c'est-à-dire que l'héritier connaisse sa vocation héréditaire. Il n'en serait pas de même si, par exemple, voulant s'abstenir de la succession de son père et garder celle de sa mère, un fils prenait possession d'un champ qui appartenait à son père, croyant qu'il faisait partie de la succession maternelle (6); ou bien si, propriétaire par indivis avec son frère dont il recueille

(1) D., L. 51, § 2, *De acq. vel. omit. heredit.*
(2) Ulp., Reg., tit. 22, § 26.
(3) D., L. 19, § 2, *De acq. vel omit. hered.*
(4) D., L. 2, *De jure delib.*, au Cod.
(5) D., L. 12, § 1, *De acq. vel omit.*
(6) D., L. 87, *ibid.*

la succession *ab intestat*, il donne des soins à la chose commune (1).

En un mot, les actes qui font perdre à l'héritier sien et nécessaire la faculté d'user du bénéfice d'abstention sont ceux qui, pour l'héritier externe, entraîneraient l'adition de l'hérédité, qui impliquent nécessairement la qualité d'héritier, et manifestent chez leur auteur l'intention d'acquérir ou de conserver cette qualité dans sa plénitude, lors même qu'ils seraient le résultat d'une erreur, comme si par exemple il faisait acte de propriétaire sur une chose étrangère qu'il croirait à tort appartenir à la succession. Dans ce cas l'intention seule suffirait pour le lier : *Interdum aut in animus solus eum obstringet hereditati; ut puta si re non hereditaria quasi heres usus sit* (2).

Mais il faut toujours chez l'héritier l'intention précise de rester héritier. *Pro herede autem gerere non esse facti quam animi. Nam hoc animo esse debet, ut velit esse heres* (3). Si c'est un autre motif qui l'a fait agir, un pieux respect pour le mort qu'il aura déposé dans le tombeau héréditaire, si c'est à un autre titre que celui d'héritier qu'il a fait acte de propriétaire, il ne saurait être considéré comme obligé envers le créancier (4). Il faudrait donner la même solution au cas même où l'héritier aurait exécuté la condition ou le mode sous lequel il avait été institué héritier, à

(1) D., L. 78, *De aquir. vel omit. hered.*
(2) D., L. 21, § 1, *ibid.*
(3) D., L. 20, *id. princ.*
(4) D., L. 10, §§ 1, 2, 3, 4, *il.* ; Cod., *De repud. vel abstin. hered.*, L. 1.

moins toutefois que son accomplissement impliquât nécessairement (1) la qualité d'héritier.

Faire acte d'héritier en connaissance de cause, telle est la double condition de l'immixtion.

Le second fait qui peut faire perdre à l'héritier sien et nécessaire le bénéfice d'abstention, c'est le divertissement d'un objet héréditaire. Le cas était prévu par l'édit du préteur, dont Ulpien nous a conservé les termes : *Prætor ait : Si per eum eamve factum erit quod quid ex ea hereditate amoveretur* (2).

Si donc, en même temps qu'il annonçait l'intention de ne pas retenir la succession, l'héritier sien et nécessaire détournait quelque objet de la succession, cet acte frauduleux rendait vaine sa déclaration, et il n'était plus recevable à invoquer à l'encontre des créanciers héréditaires le bénéfice du préteur.

Que faut-il entendre par détournement? Le jurisconsulte qui se sert du mot, *amovere*, en donne la définition la plus large : *Amovisse eum accepimus qui quid celaverit, aut interverterit, aut consumpserit* (3). L'élasticité de ces termes comprend le fait d'avoir recélé, détourné ou consommé par l'usage une chose de la succession, en un mot d'avoir diminué l'actif héréditaire à son profit, au détriment des héritiers du défunt. Mais il fallait que l'héritier eût été guidé par une pensée frauduleuse. S'il y avait bonne foi de sa

(1) D., L. 12, § fin., *De acq. vel omit.*, L. 62, *id.*
(2) L. 71, §§ 3 et 4, *id.*
(3) D., L. 71, § 6, *De acq. vel omit. hered.*

part, s'il n'avait pas l'intention de porter préjudice à l'hérédité, s'il ne savait pas que la chose divertie ou recélée fît partie de la succession, il ne pouvait être considéré comme coupable de détournement ni déchu du bénéfice d'abstention (1). Si, au contraire, l'intention avait été frauduleuse, peu importait que l'héritier eût détourné lui-même ou fait détourner par un tiers. Cela découlait de la généralité même des termes, suivant la remarque d'Ulpien : *Sive ergo ipse amoverit sive amovendum curaverit, edictum locum habebit* (2). Peu importe d'ailleurs que le détournement comprît plusieurs choses ou seulement une seule ; peu importe la cause pour laquelle elle faisait partie de la succession, que le défunt en fût propriétaire ou seulement détenteur à titre de gage ou de prêt (3). Il faut, au contraire, faire grande attention à l'époque où a eu lieu le détournement. Si c'est avant que l'héritier sien et nécessaire eût manifesté l'intention de s'abstenir, il produira les conséquences que nous venons de dire ; si c'est après, Ulpien pense avec Sabinus qu'il y a là un véritable vol, et que c'est de l'*actio furti* que l'héritier doit être tenu envers les créanciers (4).

Les textes nous indiquent un troisième cas où la faculté de s'abstenir est perdue : c'est celui ou l'héri-

---

(1) D., L. 71, § 8, *De acq. vel omit. hered.*
(2) *Id.*, L. 71, § 5.
(3) D., L. 71, § 7, *id.* Sive ex ea hereditate sint, sive ad eam hereditatem pertineant.
(4) D., L. 71, § 9, *id.* C'est aussi la décision que l'on donne en droit français, art. 1477 C. Nap.

tier, après s'être abstenu, fait acheter les biens héréditaires par une personne interposée. Les créanciers pouvaient l'actionner et le poursuivre comme s'il s'était immiscé; c'était là en effet une fraude à l'aide de laquelle l'héritier aurait pu conserver tous les biens de l'hérédité, en ne payant aux créanciers que le prix de cette vente fictivement faite à un tiers. Mais il n'était pas défendu à l'héritier de se rendre de bonne foi acquéreur des biens que les créanciers faisaient vendre sur le défunt, au même titre que tout autre étranger, et il n'aurait pas pu être inquiété par les créanciers d'un rang inférieur qui n'avaient pas été désintéressés (1).

SECTION III.

En quoi consiste le bénéfice d'abstention.

Le bénéfice d'abstention consiste en ce que les créanciers héréditaires ne peuvent pas poursuivre l'héritier, bien qu'il soit toujours l'héritier du défunt. Il était garanti contre eux par une exception qui s'étend même aux fidéjusseurs fournis par l'héritier. Il faut supposer dans ce dernier cas que l'héritier est un pupille, car le fait de fournir des fidéjusseurs pour garantir une dette héréditaire entraînait immixtion, et le pupille seul pouvait encore s'abstenir après s'être

(1) D., L. 91, *De acquir. vel omit. hered.*; Cod., L. 2, *De repud. vel abstin. hereditate.*

immiscé dans les biens de la succession (1). Il y a donc entre l'héritier sien et nécessaire qui s'abstient de l'hérédité et l'héritier volontaire qui la répudie, cette différence capitale que le second cesse d'être héritier, tandis que l'abstention n'ôte à celui qui en use ni le nom ni même les droits de l'héritier; elle lui permet seulement de se mettre à couvert contre les créanciers héréditaires au moyen d'une exception. Ainsi l'héritier sien qui s'était abstenu pouvait toujours abandonner ce premier parti et revenir à l'hérédité, pourvu qu'elle fut entière et que les biens n'eussent pas encore été vendus. La répudiation, au contraire, de l'héritier volontaire était irrévocable.

Justinien modifie un peu cette faculté illimitée jusqu'alors pour l'héritier sien de revenir à l'hérédité restée intacte : s'il était majeur de vingt-cinq ans au moment où il avait usé du bénéfice d'abstention, il n'eût plus eu qu'un délai de trois ans pour revenir sur sa première décision; s'il était mineur, il fallait qu'il prît parti dans les sept ans qui suivaient sa majorité (2). Justinien, dans sa constitution, nous indique comment il arriva à fixer le chiffre de sept années. Les quatre années répondaient à l'année utile pendant laquelle le mineur pouvait, à partir de sa majorité, demander au préteur la *restitutio in integrum;* et il ajoute à ce premier laps de temps les trois années qu'il accordait au majeur. Dans l'un et l'autre cas, il fallait toujours, ainsi qu'il le rappelle, que les biens de l'hérédité

(1) D., L. 89, *De acq. vel omit. hered.*
(2) Cod., L. 6, *De repud. vel abstin. hered.*

n'eussent pas été vendus, à moins que cette vente
n'ait eu lieu pendant qu'il était encore mineur ou dans
les délais utiles pour obtenir la *restitutio in integrum*.
Il pouvait alors par ce moyen faire adition de l'hérédité, recouvrer les biens de la succession, à la charge
bien entendu de désintéresser les créanciers paternels.

Une autre conséquence de ce que l'héritier sien qui
s'abstient demeure héritier, c'est que si après la vente
des biens il reste quelque chose, ce surplus sera attribué à l'héritier (1). De même les actes qu'il a faits de
bonne foi avant de s'abstenir, doivent être ratifiés.
*Si pupillus antequam abstineret aliquid gesserit ser-
vandum est; utique si bona fide gessit* (2). Ainsi l'on
viendrait au secours d'un acquéreur qui, de bonne
foi, aurait acheté un fonds à un pupille assisté de son
tuteur, sans distinguer si le pupille est solvable ou
non (3). Nous supposons ici que l'héritier sien est un pupille, car s'il était majeur, un pareil acte de sa part entraînerait immixtion, lui ferait perdre la faculté de s'abstenir, et la question ne se poserait même pas.

C'est donc un point sur lequel on ne peut faire de
doute, à savoir que l'héritier sien et nécessaire qui
s'abstient reste héritier. S'il a des cohéritiers, la part
pour laquelle il est appelé à la succession ne leur
accroîtra pas (4). Que deviendront alors les actions qui

(1) D., L. 6, *De reb. auct. jud. possid.* Ce texte ne parle que du pupille ;
mais il me semble que cette décision doit être généralisée, et s'étendre même
au cas où l'héritier serait majeur.

(2) *Id.,* L. 6, § 1.

(3) D., L. 11, *De acq. vel omit. heredit.*

(4) Néanmoins les solutions que je propose ont été et sont encore contestées.

auraient pu être données soit à lui contre les débiteurs, soit contre lui aux créanciers? Elles seront données utilement à ses cohéritiers ou contre eux. C'est ce que Pomponius décide dans l'espèce où deux filles avaient succédé à leur père : l'une s'était abstenue, l'autre avait réclamé l'hérédité paternelle et se déclarait prête à accepter toutes les charges héréditaires. Le préteur promit de donner les actions héréditaires utiles contre celle qui avait accepté, et de les refuser contre celle qui s'était abstenue : *Sanctum Cassium prætorem causa cognita actiones hereditarias utiles daturum recte pollicitum ei quæ ad hereditatem patris accederat : denegaturumque ei quæ se abstinuerat* (1).

Toutefois, il faut admettre que si le cohéritier contre qui toutes les actions seraient ainsi données utilement ou directement ne veut pas supporter à lui seul et dans leur totalité les charges héréditaires, il lui sera permis de céder même la portion qui lui était déférée personnellement. Ainsi quand un héritier nécessaire s'abstient de l'hérédité de son père, on offre à son cohéritier soit sien, soit étranger, l'alternative ou d'accepter toute l'hérédité ou de la délaisser tout entière, et il peut arriver ainsi qu'un héritier qui n'avait pas par lui-même le droit de s'abstenir pourra le faire à cause de son cohéritier; néanmoins ce choix n'appartient à l'héritier qu'autant que les créanciers veulent bien le souffrir. Si pourtant ceux-ci déclarent qu'ils se contentent de la portion de celui qui a accepté ou qui s'est immiscé, comme il ne peut être déchargé

____

(1) D., L. ult., *De acq. vel omit. heredit.*

qu'autant que l'alternative lui est proposée, les créanciers ne devront pas toucher à la part de celui qui s'est abstenu, de manière que ses actions seront données à celui qui est actionné (1).

Si celui qui s'est immiscé dans l'hérédité vient à mourir, son héritier jouira de la même alternative (2). Il faut toujours supposer, pour que l'héritier acceptant puisse refuser ensuite l'hérédité tout entière qui lui est déférée en vertu de l'abstention de son cohéritier, que l'acceptation est antérieure à l'abstention. Il pouvait croire alors que son cohéritier accepterait également. Si au contraire il ne s'est immiscé qu'après que son cohéritier s'est abstenu, il connaissait la position qui lui était faite, il en subira les conséquences (3).

Une hypothèse analogue à celle que nous venons d'examiner pouvait se présenter à l'égard même des héritiers volontaires qui avaient obtenu la *restitutio in integrum* contre l'adition d'hérédité, et elle recevait la même solution. On devait donner les actions, non pas directement, mais utilement, contre ceux qui restaient effectivement héritiers. C'est ce que décide

---

(1) D., L. 55, *De acq. vel omit. hered.*, c'est-à-dire que l'héritier que les créanciers retiennent malgré lui recueillera l'émolument de la part libre sans avoir à en subir les charges. On a proposé d'entendre ce texte en ce sens que la part de celui qui s'est abstenu sera attribuée aux créanciers, par analogie de ce qui se passe au cas de restitution (D., L. 61, eod. tit.). Cette interprétation ne nous semble pas admissible, bien que nous reconnaissions, avec M. Machelard, que le résultat consacré par ce fragment, est difficile à justifier. (V. de *l'Accroissement*, p. 13, à la note.) L'auteur cite dans le même sens Mühlenbruch, dans sa continuation de Gluck, §§ 14-89, t. 42.

(2) D., L. 56, eod. tit.

(3) D., L. 59, id.

Scévola dans l'espèce suivante : Une femme avait promis en dot une certaine somme à Sempronius au nom de sa petite-fille qu'elle avait eue de sa fille Seia; elle payait une certaine somme *in exhibitionem*, c'est-à-dire pour frais d'entretien pour les intérêts. Elle meurt laissant plusieurs héritiers au nombre desquels se trouve Seia ; Sempronius les actionne, les fait condamner chacun au prorata de leur part héréditaire, et ils s'engagent à payer la somme aux mêmes intérêts que la testatrice fournissait *ad exhibitionem*. Plus tard, par le bienfait du prince, tous les héritiers à l'exception de Seia s'abstinrent de l'hérédité qui fut dévolue tout entière à Seia. On demandait alors si Seia qui est restée seule héritière, et qui était censée avoir tout fait à elle seule, pouvait être poursuivie par une action utile même pour la part héréditaire de ceux qui avaient obtenu du prince le bénéfice de l'abstention. Le jurisconsulte n'hésitait pas à répondre affirmativement, donnant cette décision comme consacrée par l'usage, qu'on avait coutume de décerner les actions utiles pour la part même de ceux qui s'étaient abstenus contre celle qui avait fait adition et accepté ainsi toutes les charges héréditaires (1). Dans ce cas aussi, on offrait en compensation l'alternative d'abandonner l'hérédité tout entière : *Si minor annis posteaquam ex parte heres extitit, in integrum restitutus est, Divus Severus constituit ut ejus partis onus coheres suscipere non cogatur, sed bonorum possessio creditoribus detur* (2).

(1) D., l.. 98, *De acq. rel omit. hered.*
(2) D., l.. 61, *ibid.*

Nous pouvons rapprocher le bénéfice d'abstention accordé à l'héritier sien et nécessaire du bénéfice de séparation des patrimoines que pouvait obtenir l'esclave héritier nécessaire : ils diffèrent l'un de l'autre tant dans la forme que dans les effets. Dans la forme d'abord, l'abstention est un fait purement passif; pour en user, l'héritier sien n'a rien à faire, rien à demander, il suffit qu'il ne touche pas à l'hérédité, et s'il est permis d'induire de certains textes, ainsi que nous l'avons vu plus haut, qu'on exigeait de l'héritier une manifestation positive de ses intentions, du moins cette manifestation n'était-elle assujettie à aucune formalité. Au contraire, pour la séparation de patrimoines, l'héritier nécessaire devait s'adresser au préteur qui rendait un décret spécial. Dans les effets, car par suite de l'abstention, aucune action, aucune poursuite ne peut être dirigée par les créanciers contre l'héritier sien; tandis que malgré la séparation de biens, ils conservent leurs actions contre l'héritier nécessaire, mais seulement jusqu'à concurrence des biens héréditaires. Aussi, dans ce second cas, c'est au nom de l'héritier nécessaire que les biens sont vendus et que s'attache la note d'infamie; dans le cas d'abstention, c'est au nom du défunt (1).

(1) La *venditio bonorum* étant du droit prétorien, et l'héritier sien qui l'obtient n'étant pas héritier aux yeux du préteur, il est naturel d'admettre que, dans le cas d'un héritier sien qui s'abstient et contre qui on ne pouvait diriger aucune poursuite, la *venditio bonorum* devait se faire et se faisait au nom du défunt.

CHAPITRE V.

DU DROIT DE DÉLIBÉRER ET DU BÉNÉFICE D'INVENTAIRE.

Nous venons de voir dans les deux chapitres qui précèdent quelle était la position soit des héritiers siens, soit des héritiers siens et nécessaires. Héritiers malgré eux et comme tels obligés au payement des dettes héréditaires, ils pouvaient néanmoins, grâce aux bénéfices mis à leur disposition par le préteur, échapper aux conséquences rigoureuses que pouvait entraîner l'acceptation involontaire d'une succession dont le passif dépassait l'actif. Il nous reste à parler des héritiers externes ou volontaires, de ceux qui pouvaient à leur gré accepter ou répudier la succession à laquelle ils étaient appelés, et qui n'étaient tenus des dettes qu'autant qu'ils les avaient expressément ou tacitement, mais toujours volontairement acceptées. Ainsi, il dépendait d'eux seuls de supporter le fardeau des dettes, et ils avaient un moyen sûr de s'y soustraire : c'était de répudier l'hérédité. Mais pour pouvoir prendre un parti en connaissance de cause, il leur fallait le temps d'examiner les forces de la succession, de comparer les charges qui la grevaient avec l'actif destiné à leur faire face : le préteur leur accordait un délai suffisant pour délibérer : c'est ce qu'on nommait le *jus deliberandi*. Justinien fit plus encore pour eux : s'emparant de quelques décisions particulières des empereurs ses prédécesseurs, développant et généralisant une institution qui n'existait jadis qu'au profit des militaires, il permit aux héritiers volontaires de ne payer les dettes que jusqu'à concurrence des forces de la succession, à la condition que ces forces eussent été au préalable constatées par un bon et fidèle inventaire. C'est ce que l'on appelle le bénéfice d'inventaire. Il n'entre point dans le sujet déjà bien vaste de cette thèse d'examiner dans tous leurs détails ces importantes matières qui se rattachent plutôt à l'acceptation ou à la répudiation des successions. Nous devons seulement déterminer quelle est au regard des créanciers héréditaires la position de l'héritier qui délibère ou qui n'a accepté que sous bénéfice d'inventaire.

SECTION I.

Du droit de délibérer.

Le *jus deliberandi* fut introduit par le préteur dans son édit; il n'existait pas dans la législation primitive de l'ancienne Rome; mais nous trouvons une autre institution, encore en vigueur à l'époque des jurisconsultes classiques, bien que le Digeste n'en fasse pas

mention, qui produisait à peu près les mêmes résultats : je veux parler de la *cretio hereditatis*. La *cretio*
était une manière solennelle de faire adition de l'hérédité, et elle n'avait lieu que lorsque le testateur
l'avait imposée lui-même par son testament. Son but
était de fixer un terme à l'héritier pour examiner
l'hérédité, délibérer et en faire l'adition sacramentelle;
passé ce délai, il était déchu. Gaïus nous en a conservé
la formule. Après l'institution d'héritier faite en ces
termes, *Titius heres esto*, le testateur ajoutait : *cernitoque in centum diebus proximis quibus scies poterisque;
quod ni ita creveris, exheres esto* (1). Le délai de cent
jours était le plus usité, mais il n'avait rien d'obligatoire : il pouvait être plus court ou plus long au gré
du testateur. C'était là ce qu'on appelait la crétion
vulgaire, parce qu'elle était la plus ordinairement employée; le délai imposé à l'héritier ne devait commencer à compter que du jour où il *saurait et pourrait*
faire adition. Mais si le testateur avait supprimé ces
mots : *quibus scies poterisque*, le délai devait commencer immédiatement après l'ouverture des droits
successifs, et la crétion s'appelait alors continue (2).
La condition de l'héritier était alors beaucoup plus
dure. Tant que durait le délai, l'héritier était à l'abri
des poursuites des créanciers qui ne pouvaient pas le
contraindre à prendre parti; mais le préteur l'abrégeait parfois dans leur intérêt, lorsqu'il pensait qu'il

(1) Gaïus, Comment. 2, § 161.
(2) Gaïus, Comment. 2, §§ 171, 173.

avait sans utilité été prolongé par le testateur (1). Cette
institution, d'ailleurs, ne tarda pas à tomber en désué-
tude, lorsque le préteur, en introduisant le *jus deliberandi* qu'il étendit à tous les héritiers volontaires quelle
que fût la forme de leur institution, et même aux héritiers siens et nécessaires, lui eut fait perdre sa principale utilité; aussi fut-elle supprimée expressément
par une constitution d'Arcadius, Honorius et Théo-
dose, rendue en l'année 407 (2), et le droit de Justinien n'en fait aucune mention. Occupons-nous du *jus
deliberandi* proprement dit.

L'héritier institué pouvait être, dès l'ouverture de la
succession, poursuivi par les créanciers ou les légataires, en un mot par toutes les personnes intéressées
à ce qu'il se prononçât; il en était de même de l'héritier *ab intestat*. C'est dans cette position qu'il pouvait s'adresser au préteur et lui demander le temps
nécessaire pour délibérer et s'éclairer sur le parti qu'il
devait prendre : *Ait prætor : Si tempus ad deliberan-
dum petet, dabo* (3). C'était au moment où des poursuites étaient dirigées contre lui et pour éviter les
périls d'une acceptation imprudente, qu'il devait former cette demande auprès du magistrat (4). On l'accordait aussi à l'héritier sien pour lui donner le temps
d'examiner s'il devait retenir la succession ou s'en abstenir, et même après qu'il s'était abstenu il pouvait

(1) Gaïus, id., § 170, Ulp., Reg., tit. 22, §§ 27, 31.
(2) L. 17, au Code, *De jure deliberandi.*
(3) D., l. 1, § 1, *De jure deliberandi.*
(4) L. 5, et l. 6, D., *De interrogationibus in jure feciendis et interrogato-
riis action.*

l'obtenir encore si les biens de la succession n'avaient pas été vendus (1), ce qui lui procurait l'avantage de faire surseoir à la vente.

Le préteur n'avait pas indiqué de terme fixe dans l'édit, montrant par là qu'il entendait se réserver le droit de le mesurer aux circonstances; mais l'usage s'était établi d'accorder au moins cent jours et quelquefois plus. Si le premier délai avait été insuffisant, le préteur en donnait un second pour des motifs graves (2). Justinien à cet égard posa des règles certaines. Le magistrat put accorder un délai de neuf mois, l'empereur d'une année, mais jamais plus (3). Ce délai ne pouvait pas être prolongé.

Tant que dure le délai, l'héritier ne peut ni poursuivre les créanciers ni être poursuivi par eux ; il ne peut même toucher aux biens de la succession sauf pour les dépenses urgentes, et avec l'autorisation du préteur (4). Il va sans dire qu'il a la faculté de se faire livrer tous les titres, et d'examiner tous les documents qui sont de nature à le renseigner sur la valeur de la succession (5).

Il devait prendre parti avant l'expiration du terme : sinon, il était considéré comme renonçant à l'égard de tout le monde. Cette décision était absolue dans l'ancien droit (6). Justinien introduisit une distinction :

(1) D., L. 3, *De jure delib.*
(2) L. 2, 3 et 4, D., *De jure delib.*
(3) L. 22, § 15, au Code, *De jure delib.*
(4) D., *De jure delib*, L. 7, §§ 1, 2, 3; L. 5, § 1; L. 6; L. 9.
(5) D., *id.*, L. 5.
(6) M. Demangeat, à son cours. L. 69, D., *De acq. vel omit. hered.*; Gaius, 2, § 167, in fine.

à l'égard des créanciers ou des légataires, si c'étaient eux qui avaient fait fixer le délai, il dut être considéré comme acceptant, et tenu des dettes *in solidum* (1). Notons aussi une autre dérogation du même empereur à la rigueur des principes du droit civil. Si l'héritier mourait avant l'expiration du délai accordé pour délibérer dans l'année de l'ouverture de ses droits, il transmettait à son héritier tout ce qui restait de cette année avec la faculté de se prononcer à sa place (2). Telle était dans ses traits principaux et dans le dernier état du droit romain, l'institution du *jus deliberandi*. On voit qu'elle n'avait sur le payement des dettes héréditaires d'autre influence que de suspendre l'action des créanciers, et de donner à l'héritier le temps d'examiner s'il voulait s'y soustraire par une répudiation ou s'y soumettre par une acceptation ; et dans ce cas l'acceptation produisait ses conséquences ordinaires : confusion des deux patrimoines, obligation aux dettes même sur ses biens personnels et au delà des forces de la succession.

(1) L. 22, § 14, au Cod., *De jure delib*.
(2) L. 19, au Code, *De jure delib*.

SECTION II.

Du bénéfice d'inventaire.

Le bénéfice d'inventaire est une création législative de Justinien; mais la fameuse constitution *Scimus*, qui l'établit et en posa les règles, avait été de longue main préparée par une série de dispositions prétoriennes ou impériales dont Justinien, dans ses Instílutes, nous a montré le développement, et qui devaient naturellement aboutir à ce résultat. A l'origine et dans la pureté rigoureuse du droit civil, l'acceptation est irrévocable ; l'héritier qui a fait adition, ne peut plus revenir sur cet acte : il est tenu de toutes les dettes et de toutes les charges de la succession, même au delà des biens qui la composent.

Le préteur vint d'abord au secours des mineurs de vingt cinq ans au moyen de la *restitutio in integrum*, applicable au cas qui nous occupe comme à tous ceux où ils avaient consenti un acte qui leur était onéreux. Ils éprouvaient une lésion, et l'on sait que telle était l'unique condition pour qu'ils pussent invoquer le secours du magistrat. Cependant l'empereur Adrien vint, par le même moyen, en aide à un citoyen majeur de vingt-cinq ans, parce qu'après l'adition il se révéla des dettes considérables, inconnues à l'époque où elle avait été faite. Ce n'était encore là qu'une décision toute spéciale, dérogeant pour une espèce particulière aux règles générales du droit, sans les abroger, ce qui n'était pas rare à Rome et n'y causait pas la surprise qu'un pareil procédé exciterait chez nous. *Sed hoc quidem divus Hadrianus speciali beneficio præstitit.* L'empereur Gordien, s'emparant de cette idée, étendit cette faveur à tous les militaires, et décida qu'ils ne seraient jamais tenus au delà des forces de la succession. C'est ce privilége que Justinien transforme en droit commun au profit de tous ceux qui auront eu soin de faire faire un inventaire de toutes les choses composant l'hérédité (1).

L'héritier conservait toujours le droit ou bien d'accepter purement et simplement, sauf à subir toutes les conséquences soit de cette acceptation, soit de cette immixtion, ou bien de renoncer, et il restait désormais étranger à l'hérédité bonne ou mauvaise. Mais s'il avait des doutes, il pouvait se mettre à l'abri de tout danger, sans se depouiller d'aucun droit, en faisant inventaire.

Cet inventaire devait être commencé dans les trente jours à partir de celui où l'héritier avait eu connaissance de l'ouverture de la succession à son profit, et achevé dans l'espace de soixante autres jours. Si cependant l'héritier se trouvait trop éloigné des lieux où se trouvait la plus grande partie des biens héréditaires, on pouvait lui accorder un an, mais jamais

______

(1) Just. Inst., lib. 2, tit. 19, §§ 5 et 6 ; Ortolan, t. 2, p. 515.

plus (1). Il devait être fait, soit par l'héritier lui-même, soit par des mandataires par lui commis à cet effet, en présence du tabellion, des créanciers, des légataires ou des tiers intéressés, à leur défaut de trois témoins. L'héritier signait un écrit descriptif et énumératif des choses inventoriées, et une formule par laquelle il s'engageait à les garder fidèlement. S'il ne savait pas écrire, on commettait un notaire spécial qui le faisait pour lui, en présence de témoins dont il était connu, après qu'on avait fait le signe de croix sur sa main (2).

L'effet principal de la confection de l'inventaire, c'est que l'héritier ne sera désormais tenu vis-à-vis des créanciers héréditaires que jusqu'à concurrence des biens qui composent la succession qui lui est déférée et qu'il ne paiera rien sur ses biens personnels. Tant que durait la confection de l'inventaire, les créanciers ne pouvaient pas inquiéter l'héritier. Il ne leur était permis ni d'intenter contre lui une action personnelle, ni même de saisir les biens héréditaires affectés à titre d'hypothèque à la sûreté de leurs dettes; mais par une juste compensation ce délai ne leur était pas nuisible, et les termes dont se sert la constitution de Justinien peuvent faire supposer que la prescription ne courait point contre eux durant cet intervalle. Ils ne recouvraient l'exercice de leurs droits que lorsque l'inventaire était terminé, et ils se faisaient payer par l'héritier sur les biens de la succession dans

(1) Cod., L. 22, §§ 2 et 3, *De jure delib.*
(2) *Id., ibid*, § 2.

l'ordre où ils se présentaient. Il en était de même des légataires. Si l'actif était épuisé avant le désintéressement intégral de tous les créanciers, les derniers venus ne peuvent attaquer ni l'héritier sur ses biens propres, ni ceux qui lui ont acheté et payé les objets de la succession : ils n'auront de recours que contre les légataires qui sont toujours dans une situation moins favorable que des créanciers, ou contre les créanciers payés antérieurement à qui ils seraient préférables à un titre quelconque, soit par l'action hypothécaire, soit par la *condictio indebiti*. Il en serait de même si les créanciers payés les premiers, quoique d'un rang inférieur à ceux qui se présentent ensuite, avaient été désintéressés au moyen d'une *datio in solutum*. Du reste les créanciers et les légataires avaient toujours le droit de contester l'inventaire fait par l'héritier, et il était permis de prouver par toute espèce de moyens, même par l'application des esclaves à la torture et en dernier lieu par la délation du serment, que l'actif héréditaire était en réalité supérieur au chiffre porté par l'héritier dans l'inventaire, et de faire rentrer tout entier dans leur gage commun ce qu'ils prouveraient avoir été dissimulé. L'héritier restait toujours personnellement à couvert de leurs poursuites, à moins qu'il ne se fût rendu coupable de détournement ou de recel ; il devait alors restituer le double de la valeur des objets dont il avait cherché à frustrer les créanciers.

On voit que la confection de l'inventaire opérait une véritable séparation des deux patrimoines du défunt et de l'héritier qui auraient dû se confondre.

Par une conséquence naturelle de cette idée, l'héritier conservait et exerçait les actions qu'il pouvait avoir lui-même contre le défunt, et que la confusion eût fait cesser, absolument comme s'il était un créancier ordinaire, venant à son rang au milieu de tous les autres. De même il se faisait tenir compte par la succession des frais funéraires, d'insinuation du testament et d'inventaire, etc.

L'institution nouvelle du bénéfice d'inventaire ne fit pas disparaître l'antique *jus deliberandi;* mais ces deux faveurs ne pouvaient pas être cumulées. Celui qui s'était adressé au prince ou au magistrat et lui avait demandé un terme pour délibérer à l'abri des poursuites des créanciers, devait, à l'expiration de ce terme, accepter ou répudier purement et simplement. S'il choisissait le dernier parti, il restituait l'hérédité aux parties intéressées, créanciers ou héritiers appelés à son défaut. Ces derniers pouvaient lui déférer le serment sur la quantité des choses héréditaires, dans les limites déterminées par le juge. Bien plus, s'il acceptait sans avoir fait inventaire, il était déchu du bénéfice de la loi Falcidie et incapable désormais de faire subir aux legs excessifs la retenue du quart qu'elle autorisait.

Ces dernières dispositions sont malaisées à justifier, et peu conformes à la hauteur des vues qui devraient inspirer un législateur. Il semble que Justinien ait voulu punir ceux qui dédaignaient les avantages qu'il leur offrait, et animé, si l'on peut ainsi parler, d'une sorte d'amour-propre d'inventeur, se venger de ceux qui lui faisaient l'affront de préférer les anciennes pratiques du droit à ses nouvelles et ingénieuses conceptions. Quoi qu'il en soit, cette institution de Justinien, dont nous avons recherché et précisé les principaux caractères à travers la prolixité déclamatoire de la constitution impériale, était une création heureuse et destinée à un long avenir. Le bénéfice d'abstention est mort avec la législation romaine qui par ses particularités l'avait rendu nécessaire; il en est de même, en partie du moins, du bénéfice de séparation des patrimoines. Le bénéfice d'inventaire, au contraire, dégagé des imperfections que nous signalions tout à l'heure, incessamment développé et amélioré par les travaux des siècles suivants, occupe encore une place très-importante dans le droit de toutes les nations civilisées.

DROIT FRANÇAIS.

INTRODUCTION.

Avant d'aborder l'étude des dispositions du Code Napoléon sur le payement des dettes dans les successions testamentaires ou *ab intestat*, il est indispensable d'indiquer en peu de mots les règles suivies en cette matière par les coutumes qui régissaient notre pays avant 1789; ce n'est qu'en jetant un rapide regard sur le passé que nous pourrons comprendre dans quelle mesure le législateur moderne s'est inspiré des traditions de ses devanciers, et jusqu'à quel point il s'en est écarté; car, en ce sujet, plus peut-être que partout ailleurs, les rédacteurs du Code. tout en conservant beaucoup du passé, ont néanmoins beaucoup innové, beaucoup plus qu'un examen superficiel des textes ne pourrait le faire supposer, et le fréquent emploi de locutions, de formules tout entières empruntées à nos anciens auteurs ne doit pas faire illusion sur les changements qui ne sont que l'heureuse conséquence de l'unité substituée dans le régime des biens et l'état des personnes aux infinies complications disparues avec l'ordre social dont elles étaient le résultat.

On connaît la grande ligue de démarcation qui séparait jadis le nord et le midi de la France. Les pays de droit écrit suivaient les principes de la législation romaine. Les héritiers testamentaires ou *ab intestat* qui n'avaient pas accepté sous bénéfice d'inventaire, étaient tenus des dettes de la succession même au delà des biens qui la composaient, proportionnellement à la part héréditaire de chacun. Néanmoins, ici comme à Rome, un héritier pouvait être poursuivi pour le tout si la dette était indivisible ou hypothécaire, ou bien s'il avait été chargé par le défunt de l'acquitter intégralement ou d'en payer plus que sa portion. Dans ce dernier cas, ce n'était pas seulement le fardeau de la poursuite, mais celui de la dette tout entière, qui retombait sur l'héritier, ainsi dépourvu du recours qui lui appartenait ordinairement, lorsqu'il avait payé pour le tout une dette hypothécaire ou indivisible, dont il n'était tenu personnellement que pour partie (1).

Les coutumes du nord de la France étaient bien loin d'être uniformes ; toutefois, à travers leurs varié-

(1) Domat. *Lois civiles, héritiers en général*, liv. 1, tit. 1, sect 9, nos 10 et 12.

tés et parfois leurs bizarreries, il est possible de déterminer quelques grandes règles générales qui formaient le
droit commun de notre pays. Nous rencontrons d'a-
bord une distinction puisée dans la nature même des
choses, mais qui a pris dans le droit coutumier des développements inattendus et une capitale importance.

En effet, quand on se place en face des dettes d'une
succession, il faut en premier lieu déterminer quelles
personnes peuvent être poursuivies par les créanciers,
et jusqu'à concurrence de quelle quotité elles peuvent
être soumises à cette poursuite ; il faut ensuite régler
la contribution entre les diverses personnes appelées
en définitive à supporter la dette. Le droit de poursuite et la contribution ne sont pas toujours identiques
l'un à l'autre, ni gouvernés par les mêmes règles.
Nous en avons vu des exemples en droit romain ; le
légataire partiaire est tenu de contribuer aux dettes,
cependant il ne peut pas être poursuivi par les créanciers. L'héritier qui se trouve en concours avec lui
sera donc poursuivi et tenu de payer au delà de la
part qu'il doit définitivement supporter. C'étaient là
des cas exceptionnels en droit romain ; la plupart du
temps le droit de poursuite des créanciers ne dépassait pas la part contributoire des héritiers, les deux
termes de la distinction se confondaient, et c'est ce
qui explique pourquoi les jurisconsultes romains, à qui
sans doute elle n'avait pas échappé, n'y ont pas in-
sisté. Dans notre vieux droit coutumier, au contraire,
comme nous le disions tout à l'heure, elle joue un rôle
capital, et dans cet examen rapide par lequel il nous

faut passer avant d'arriver au Code Napoléon, nous verrons successivement d'après quelles règles était donné le droit de poursuite, d'après quelles règles se déterminait la contribution aux dettes. Elles étaient loin d'être les mêmes.

SECTION PREMIÈRE.

Du droit de poursuite.

Les règles variaient d'une coutume à l'autre; mais il y avait certains principes qui formaient le droit commun. Quelques coutumes donnaient au créancier une action *in solidum* contre un seul des héritiers; Pothier les blâmait énergiquement : « Lorsque le défunt, dit-il, a laissé plusieurs héritiers, il y a quelques coutumes assez déraisonnables pour les obliger tous solidairement aux dettes du défunt, comme si plusieurs pouvaient succéder *in solidum* aux droits d'une personne (1). » Peut-être ces dispositions avaient-elles été inspirées par le désir d'écarter les conséquences désas-

(1) *Traité des successions*, ch. 5, art. 5, § 2. Ces coutumes étaient presque toutes du Nord. Ainsi : Hainaut, tit. 123, art. 5; Artois, art. 187; bailliage et châtellenie de Lille, art. 16, ch. 2; échevinage de Lille, art. 4, ch. 1; bailliage et châtellenie de Douai, art. 23; success., *ab intestat* Amiens, art. 159. Duparc-Poullain écrivait sous la coutume de Bretagne : Ces principes pour la contribution aux dettes n'ont lieu qu'entre les cohéritiers. Ils sont étrangers aux créanciers, vers lesquels tous les héritiers purs et simples sont tenus solidairement pour le tout.... La solidité au profit des créanciers est entière contre chaque héritier, sans qu'il puisse se servir du bénéfice de discussion contre les créanciers de la succession acceptée purement et simplement (*Principes du droit français*, sect. 5, n° 71, 4° vol.).

treuses de la division des dettes. Sous la coutume de Nor-
mandie, et d'après la jurisprudence normande, toutes
les dettes du défunt étaient réputées hypothécaires du
jour de son décès (1). La coutume de Bourgogne donnait une action solidaire au créancier, mais seulement
sur la masse héréditaire : « Dettes héréditaires sont
payées sur toute la masse héréditaire. » Disposition
très-sage, car le patrimoine propre de l'héritier n'était
pas atteint, et pourtant l'intérêt des créanciers était
sauvegardé. Quelques autres coutumes, au contraire,
obligeaient le créancier à discuter les meubles de la
succession, sans doute par un souvenir de cet ancien
usage qui voulait, avant l'ordonnance de 1539, que,
pour être admis à se pourvoir sur les immeubles d'un
débiteur, on eût au préalable discuté ses meubles (2).
Dans certains pays, par la réciproque exacte de la
règle *paterna paternis*, on recherchait l'origine de la
dette ; mais c'étaient là des coutumes exceptionnelles,
et Pothier pouvait dire que « à l'exception de quelques
coutumes, telles que celles d'Auvergne, on ne considère ni la cause ni l'origine des dettes (3). »

Les dispositions que nous venons de mentionner
rapidement étaient spéciales à certaines communes,
et sont remarquables par leur singularité même. Tâ-
chons de dégager du sein de ces variétés infinies les
quelques principes qui, au-dessus de ces lois locales

<hr>

(1) Lebrun, *Traité des successions*, liv. 4, ch. 2 § 1.
(2) Poth., *Cout. d'Orléans*, tit. 21, n° 22 ; Lebrun, *Traité des successions*,
§ 2, n° 13.
(3) Pothier, *Traité des success.*, ch. 5, art. 2, § 1.

et à leur défaut, formaient le droit commun de la France coutumière.

On peut considérer comme un de ces principes généraux cette règle empruntée au droit romain : que les créanciers poursuivaient les héritiers suivant leurs portions héréditaires, quand tous les héritiers succédaient aux mêmes biens, parce que, nous dit Pothier, la part que chacun a dans la succession est certaine, et par conséquent la part que chacun doit porter des dettes l'est aussi (1). Cette part héréditaire n'était pas toujours égale à l'émolument que les héritiers retiraient de la succession, notamment quand il y avait lieu au droit d'aînesse. Dans la plupart des coutumes, bien que l'aîné eût dans les fiefs une portion plus considérable que celle de ses puînés, il n'était néanmoins tenu des dettes que dans la même proportion, par la raison, nous dit encore Pothier, que les coutumes de Paris et autres semblables donnent à l'aîné, par forme de prélegs et hors part, ce qu'elles lui accordent de plus qu'aux puînés dans les fiefs, et ne le réputent héritier que pour sa portion virile (2). Cette observation doit s'étendre au cas où il y avait des légataires universels, et le même jurisconsulte, se plaçant dans une espèce où deux héritiers se trouvent en concours avec un légataire universel, nous apprend que chaque héritier, bien que ne recueillant que le tiers des biens

(1) *Traité des success.*, ch. 5, art. 3, § 2.

(2) *Traité des success.*, ch. 5, art. 3, § 3. Il fallait pourtant excepter les rentes foncières, dont l'héritage était tenu; l'aîné les devait seul comme chargé du fonds, et non comme dettes de la succession.

de la succession, sera cependant tenu de la moitié
des dettes (1).

Lorsque, parmi les héritiers, les uns succédaient
aux meubles ou acquêts, les autres aux propres, ils
étaient tenus des dettes proportionnellement à la valeur des biens qu'ils recueillaient; mais comme alors
il était très-difficile de savoir à quelle part chaque
héritier avait succédé; « que cette part, dit Pothier,
ne peut être constante que par une ventilation, qui ne
se peut faire qu'après une estimation des différents
biens de la succession, l'opinion commune est que,
en attendant, ces différents héritiers sont tenus des
dettes, chacun pour leur portion virile, sauf à se faire
raison du plus ou du moins lorsque les portions ont
été constatées par la ventilation (2). »

Nous avons dit tout à l'heure que lorsque les héritiers se trouvaient en concours avec des légataires ou
des donataires (on sait que le droit coutumier ne re-
connaissait pas l'existence des héritiers testamentaires), les créanciers pouvaient poursuivre pour le
tout les héritiers, sauf le recours de ceux-ci quant à la
contribution ; c'était là une doctrine qui ne rencon-
trait pas de contradicteur dans l'ancienne jurisprudence (3). Mais s'ils le pouvaient, le devaient-ils?
Autrement dit, leur était-il permis, s'ils le préféraient,

(1) *Id.*, ch. 5, art. 3, § 2.

(2) Pothier, *Traité des success.*, ch. 5, art. 3, § 2; cout. d'Orléans, tit. 17,
n° 122.

(3) *Id.*, *Traité des success.*, ch. 2, art. 3, §§ 1 et 2 ; *Traité des oblig.*,
n° 209; cout. d'Orléans, tit. 17, n° 109; Lebrun, *Traité des success.*, ch. 2,
art. 3, §§ 1 et 2.

de poursuivre les légataires ou les donataires universels? Avait-on reproduit la théorie romaine qui refusait l'action directe contre d'autres que contre les héritiers ?

Tel avait été l'état primitif du droit; mais, pour éviter la multiplicité des actions, on finit par leur accorder ce droit de poursuite, avec cette différence toutefois que tandis que les héritiers représentants de la personne du défunt étaient tenus *ultra vires successionis* sur leur propre patrimoine, s'ils n'avaient pas accepté sous bénéfice d'inventaire, les légataires ou donataires, simples successeurs aux biens, n'étaient tenus que sur ce qu'ils recueillaient, à la charge de justifier par un inventaire de la consistance réelle de la succession. Voici comment s'exprime Lebrun à cet égard (1) :

« Quoique notre usage et l'article 334 de la coutume de Paris donnent cette action personnelle contre un légataire universel, néanmoins c'est imparfaitement, en tant qu'il n'est jamais tenu indéfiniment au delà des forces de son legs universel, pourvu qu'il ait fait inventaire (ce qui est pourtant l'effet naturel de l'action personnelle), et que d'ailleurs le légataire universel n'étant point successeur de droit, et ayant besoin d'obtenir la délivrance de son legs universel, on lui fait moins payer les dettes par l'effet direct de cette action personnelle que par une espèce de rétention et de déduction qui se pratiquent à son égard sur le fon-

<hr>

(1) Lebrun, *Traité des success.*, liv. 4, ch. 2, § 1, n° 5.

dement de la maxime : *Bona non dicuntur nisi deducto ære alieno.* »

Pothier enseigne la même docrine, et l'applique à ces autres successeurs aux biens qu'on appelait successeurs irréguliers, toujours à la condition de justifier par un inventaire de la consistance des biens recueillis (1).

Néanmoins, même dans les coutumes qui admettaient la division des dettes, il pouvait arriver qu'un seul des cohéritiers fût poursuivi pour le tout. Ce cas se présentait lorsqu'un immeuble était hypothéqué à la dette, lorsque la dette était indivisible, ou bien lorsque le défunt avait laissé des héritiers de différentes espèces, les uns aux meubles et acquêts, les autres aux propres, et qu'il était débiteur d'un corps certain faisant partie de l'un de ces patrimoines ; la dette alors ne se divisait pas entre tous les héritiers, mais seulement entre ceux du patrimoine où se trouvait la chose due (2).

Cette division des dettes avait pour conséquence de faire peser l'insolvabilité de l'un des cohéritiers sur le créancier, et l'on pouvait voir des héritiers emporter des valeurs de la succession en présence de créanciers non intégralement payés. Ce résultat paraissait inique à beaucoup de bons esprits. Quelques coutumes y remédiaient, ainsi que nous l'avons indiqué plus haut, en accordant aux créanciers une action hypothécaire ou solidaire sur tous les biens de la succession ; il paraît

(1) *Traité des success.*, ch. 5, art. 2, § 5, et art. 3, § 1.
(2) *Id.*, *ibid.*, ch. 5, art. 4, art. 3, § 5 ; *Traité des oblig.*, n° 501.

 4   7

qu'on avait cherché à étendre et à faire prévaloir cette maxime. Mais Pothier combat énergiquement cette tendance (1), et n'offre aux créanciers d'autre garantie que la faculté d'arrêter les biens de la succession avant le partage, et de se faire alors intégralement payer. En dehors de cette ressource, si le créancier n'avait pas eu la précaution de se faire donner une hypothèque ou de stipuler qu'il aurait le droit de poursuivre l'un des héritiers pour le tout, il restait exposé à tous les risques que nous venons de signaler; car nous ne pensons pas qu'il pût se mettre à l'abri de la division des dettes en demandant la séparation des patrimoines, et en obtenant ainsi, pour ainsi dire, de faire revivre le défunt. Cela résulte de la doctrine que suivaient sur ce point Lebrun et Pothier, doctrine essentiellement différente de la théorie romaine. Partant de l'opinion de Papinien comme d'un principe, ils admettent que malgré la séparation des patrimoines, l'héritier est tenu vis-à-vis des créanciers de la succession, que cette demande en séparation de patrimoines n'empêche pas l'effet de la saisine, qu'elle confère seulement un privilége à la masse des créanciers de la succession sur les biens du défunt, et un privilége à la masse des créanciers de l'héritier sur les biens de ce dernier. Il en faut donc conclure que la séparation obtenue respectait le principe de la division des dettes (2).

Ainsi le droit de poursuite était donné aux créan-

---

(1) *Traité des oblig.*, n° 509. Voyez pourtant un cas spécial où Pothier, d'après Dumoulin, vient au secours du créancier, *id.*, n° 510.

(2) Pothier, *Traité des success.*, ch. 5, art. 4.

ciers contre les héritiers suivant leur part virile, que la part virile fût ou non égale à la part héréditaire, sauf dans ce dernier cas les recours qui rétablissaient la proportionnalité ; et il était donné pour le tout contre les héritiers, alors même qu'il y avait des légataires tenus de contribuer aux dettes, sauf le droit des héritiers qui avaient payé au delà de leur part, de s'en faire tenir compte par ces légataires.

SECTION II.

De la contribution aux dettes.

Notons d'abord quelques coutumes exceptionnelles avant de préciser les règles de droit commun. Dans certains pays l'obligation de payer les dettes personnelles ou mobilières était imposée aux héritiers des meubles, ou même à quiconque appréhendait les meubles à titre universel, héritier, légataire ou donataire : « C'est une suite de l'ancien esprit de notre droit coutumier, dit Pothier (1), cet esprit étant de conserver, autant qu'il était possible, les héritages dans les familles ; on ne permettait pas d'entamer les héritages pour les dettes, tant qu'il y avait du mobilier pour les acquitter ; c'est pourquoi avant l'ordonnance de 1539 les créanciers ne pouvaient saisir les héritages pour être payés de leurs créances avant la discussion des

____

(1) *Traité des success.*, ch. 5, art. 2, § 1.

meubles. Pareillement ceux qui succédaient aux héritages n'étaient point tenus des dettes, tant qu'il y avait du mobilier pour les acquitter ; le genre de bien mobilier, peu considéré dans notre ancien droit, était destiné pour les acquitter. Il paraît même que c'est à l'acquittement de quelques dettes que ce fût que ce mobilier était destiné. Depuis, cet ancien droit de faire porter au mobilier les dettes du défunt a été restreint aux dettes mobilières : on n'en connaissait guère autrefois d'autres, les rentes constituées étant, comme tout le monde sait, d'invention moderne, et ayant été regardées lors de leur commencement comme des héritages sur lesquels elles étaient assignées. Il résulte que ces coutumes sont conformes au plus ancien droit qui s'observait dans le pays coutumier. »

Quelques coutumes recherchaient aussi l'origine des dettes pour en établir la contribution, et appliquaient exactement en cette matière la maxime : *Paterna paternis, materna maternis.*

Les règles qui formaient le droit commun étaient celles-ci : Si les héritiers succédaient également à tous les biens, ils contribuaient aux dettes dans la proportion de leur part héréditaire, quel que fût leur émolument ; si au contraire ils succédaient à diverses espèces de biens, les uns aux meubles et acquêts, les autres aux propres, chacun d'eux devait contribuer aux dettes suivant la part proportionnelle qu'il recevait dans l'actif de la succession. Dans les deux cas, l'aîné considéré en principe comme un légataire par préciput, ne contribuait pas plus que les puînés.

Pothier (1), après Loisel et Lebrun, développe ainsi ces principes : « Quoique dans plusieurs matières, telles que celles de la garde-noble, de la communauté, du douaire, notre coutume, suivant l'esprit de l'ancien droit français, ait regardé les dettes mobilières d'une personne comme une charge de ses seuls biens mobiliers, néanmoins elle a suivi un principe différent en matière de succession : car, à l'exception des dettes de corps certains qui existaient dans la succession lors de son ouverture, lesquelles ne sont dues que par ceux qui ont succédé à ces corps certains, toutes les autres dettes d'un défunt, tant celles de sommes exigibles que les rentes passives, sont réputées charges de tous les biens du défunt et non d'aucune espèce particulière de biens ; et en conséquence les différents héritiers ou successeurs universels qui succèdent à ces différentes espèces de biens, sont tenus chacun de toutes les dettes du défunt pour une part proportionnée à celle qu'ils ont dans la masse générale de l'actif de la succession. On ne considère à cet égard ni l'origine ni la cause de la dette : c'est pourquoi l'héritier aux propres est tenu pour sa part de ce que le défunt devait pour le prix d'un acquêt, quoiqu'il ne succède pas à cet acquêt ; et l'héritier aux acquêts, qui y succède seul, n'est tenu de cette dette que pour la même part pour laquelle il est tenu de toutes les autres dettes de la succession. »

(1) Pothier, *Cout. d'Orléans*, tit. 17, n° 115 ; *Des success.*, b. 5, art. 2, § 1, et art. 3, § 2.

N'oublions pas qu'au nombre des contribuables figuraient les successeurs universels aux biens, tels que les légataires et donataires.

L'héritier détenteur d'un immeuble grevé d'une rente foncière ou autre redevance devait acquitter la charge sans recours contre ses cohéritiers : « A l'égard des rentes foncières, dit Pothier (1), et autres redevances dont les héritages de la succession sont chargés, ce sont des charges particulières des héritages qui en sont chargés plutôt que des charges de la succession, si ce n'est à l'égard des arrérages qui en ont couru jusqu'à la mort du défunt, lesquels sont dettes de la succession. »

Mais si l'héritier détenteur d'un immeuble hypothéqué avait payé la dette hypothécaire, outre son recours personnel contre ses cohéritiers dans la mesure de leur portion héréditaire, il avait le droit en payant de se faire subroger dans les actions du créancier. Néanmoins il était forcé de diviser son action hypothécaire dans les mêmes limites que l'action personnelle. C'est ce qu'enseignaient également Pothier, Lebrun, Renusson (2), et ce que la jurisprudence avait consacré, doctrine excellente qui s'appuie sur la nécessité d'éviter les circuits d'actions récursoires entre les cohéritiers et sur l'obligation de garantie qui les lie les uns envers les autres : *Quem de evictione tenet actio, eumdem agentem repellit exceptio.*

---

(1) *Traité des success.*, ch. 5, art. 1.

(2) Pothier, *Cout. d'Orléans*, tit. 20, n⁰ˢ 12 et 81 ; Lebrun, *Traité des success.*, liv. 4, ch. 2, sect. 3, n° 20 ; Renusson, *Traité de la subrog.*, ch. 8.

Lebrun donnait la même solution au cas où un créancier hypothécaire devenait héritier pour partie de son débiteur : « Le créancier, dit-il (1), devient héritier, et par conséquent il entre dans une espèce de société avec ses cohéritiers ; dès lors il est soumis à la loi de l'égalité qui est la souveraine des partages. Il doit épargner également ses cohéritiers et ne pas faire tomber tout le faix de son action sur un seul, ni susciter une guerre domestique par un circuit d'actions récursoires contre ses cohéritiers. »

Dans tous les cas l'insolvabilité d'un cohéritier se répartissait entre le subrogé et ses cohéritiers solvables (2).

Telle était, dans ses traits principaux, la législation coutumière sur le sujet qui nous occupe. Cet exposé sommaire était indispensable pour mieux faire comprendre ce que le Code Napoléon a changé et ce qu'il a conservé ; c'est précisément en effet sur la portée de ces innovations que s'élèvent les difficultés nombreuses que nous rencontrerons dans l'examen auquel il est temps de nous livrer.

(1) *Id.*, liv. 4, ch. 2, § 1, n° 43.
(2) Pothier, *Cout. d'Orléans*, tit. 20, n° 86.

CHAPITRE PREMIER.

DES DIFFÉRENTES ESPÈCES DE SUCCESSEURS, ET DE LA MANIÈRE DONT ILS SONT TENUS DES DETTES.

Un homme meurt, sa succession s'ouvre, elle se compose d'un actif et d'un passif. En règle générale, la succession passive suit le sort de la succession active ; les dettes sont charges des biens et les accompagnent aux mains de ceux qui les recueillent à titre universel. Ces successeurs universels ne sont pas tous du même ordre. En effet le défunt a pu régler lui-même le sort des biens qu'il laisse à son décès, ou bien s'en remettre aux dispositions de la loi. De là une grande distinction à faire entre les différents successeurs appelés à recueillir ce patrimoine, selon qu'ils tiennent leurs droits de la loi directement ou de la volonté du mourant. Cette division en deux branches n'est point cependant celle qu'a consacrée le Code Napoléon ; il a fait deux classes des successeurs qui son appelés par la loi : les uns les parents légitimes, les seuls auxquels il réserve le titre d'héritier, les autres unis au défunt par un lien de parenté naturelle ou par le mariage, les successeurs irréguliers. Donc, aux termes de la loi qui nous régit, trois classes différentes de successeurs possibles : 1° les héritiers légitimes ; 2° ceux qui tiennent leur titre successif de la volonté du défunt, légataires universels ou à titre universel, donataires, institués contractuels; 3° enfin les successeurs irréguliers.

Chacun de ces différents successeurs peut se trouver seul appelé à la succession, mais il arrive souvent aussi qu'un héritier légitime est en concours soit avec des légataires, soit avec des successeurs irréguliers, soit avec les uns et les autres, ou bien que plusieurs successeurs du même ordre sont appelés ensemble à recueillir la même hérédité. Cette thèse a pour objet d'étudier l'effet de cette transmission héréditaire sur les dettes dont le défunt pouvait se trouver tenu, en d'autres termes de déterminer les règles de la dévolution et du partage de la succession passive. Demandons nous d'abord de quoi elle se compose.

Le passif héréditaire comprend les dettes et les charges de la succession.

Les dettes, ce sont les obligations dont le défunt lui-même était tenu, et qui sont transmises à ses successeurs. En règle générale, toutes les obligations du *de cujus*, quelle que soit leur source, passent à ses successeurs, à l'exception de celles, qui, purement personnelles, s'éteignent avec lui. Quant aux obligations qui résultent de ses délits ou quasi-délits, il faut distinguer l'action publique et l'action civile. La première s'est éteinte par la mort du prévenu. Si donc la condamnation n'avait pas été prononcée, les héritiers ne peuvent être poursuivis pour les amendes qu'il aurait encourues. Si la condamnation est antérieure au décès, les amendes seront dues par la succession du condamné, en vertu de l'action *judicati*. L'action civile, au contraire toujours recevable même après le décès du prévenu, pourra être intentée contre les héritiers pendant le délai de la prescription (Dalloz, *Rép.*, au mot *Succession*, n° 1331).

Les charges de la succession, ce sont les obligations qui n'ont pris naissance qu'après le décès du *de cujus, quæ ab herede cœperunt* (L. 40, Dig. *De obligat. et action.*). Tels sont, par exemple, les frais funéraires, les frais faits pour la conservation, la liquidation, le partage des droit successifs, frais de scellé, d'expertise..... (art. 810, 1034).

La loi met ordinairement sur la même ligne les dettes et les charges de la succession, c'est-à-dire que les règles qui concerneront leur transmission du *de cujus* aux successeurs et leur répartition entre ces différents successeurs, sont semblables. (Voy. les art. 724, 870, 871, 873.) Aussi cette distinction n'a guère d'intérêt pratique.

Mais une question très-grave et très-discutée, c'est celle de savoir si les legs sont charges de la succession ; l'intérêt de cette question, c'est que si les legs sont charges de la succession, l'héritier en sera tenu comme des autres dettes et charges, c'est-à-dire, ainsi que nous allons le voir tout à l'heure, au delà des biens qu'il recueille et sur son propre patrimoine. Nous nous contenterons d'indiquer les traits principaux de cette controverse, qui ne rentre pas directement dans l'objet de ce travail, car si au dire de quelques uns les legs sont charges de la succession, personne ne les a considérés jamais comme étant des dettes. La négative se fonde, d'une part sur ce principe de bon sens que personne ne peut donner plus qu'il n'a, tandis qu'on peut contracter autant de dettes que l'on veut, et d'autre part sur les traditions coutumières. L'opinion opposée invoque le droit romain de Justinien et le droit écrit; on fait remarquer que toujours les legs ont été considérés comme des charges de la succession; que l'art. 802 permet à l'héritier de se décharger du payement des dettes en abandonnant les biens aux créanciers et aux *légataires*, et surtout que l'art. 783, qui permet à un majeur de réclamer la rescision de son acceptation dans le cas où la succession se trouve absorbée ou diminuée de plus de moitié par la décou verte d'un testament resté jusque-là inconnu, serait incompréhensible dans le système des adversaires, et de fait les explications qu'ils ont essayé d'en fournir sont bien peu satisfaisantes. Enfin on ajoute que si l'hé ritier est tenu de payer les legs *ultra vires*, c'est qu'il l'a bien voulu, puisque rien ne l'empêchait d'accepter sous bénéfice d'inventaire, et qu'en acceptant pure ment et simplement, il a trompé le légataire, qui ayant pu croire par là la succession avantageuse, n'a pris en conséquence aucune précaution pour sauvegarder ses intérêts. (Dalloz, *Rép.*; *id.*, n° 1318, Demolombe, *des success.*, t. 2, n°° 522, 524 et 548.)

Sans entrer plus avant dans cette controverse, maintenant que nous savons ce que comprend le passif héréditaire, examinons de quelle manière ce passif passe à chacune des trois espèces de successeurs qu'a pu laisser le *de cujus.*

ARTICLE PREMIER.

Des héritiers légitimes.

L'héritier légitime qui accepte purement et simplement est le représentant et le continuateur du défunt, *heres personam defuncti sustinet.* Il succède à tous ses droits, à toutes ses obligations actives ou passives, ainsi que l'exprime l'art. 724 du Code Napoléon : « Les héritiers légitimes sont saisis sous l'obligation d'acquitter toutes les charges de la succession. » Il devient lui-même et personnellement débiteur aux lieu et place du défunt, et de la même façon que le défunt l'était lui-même. Les biens de la succession se confondent avec ses biens personnels, les créanciers héréditaires deviennent les siens; il n'y a plus qu'un seul patrimoine, celui de l'héritier : *Hereditas adita*, disaient les Romains, *jam non est hereditas, sed patrimonium heredis;* il n'y a plus qu'une seule masse de créanciers, les créanciers de l'héritier. Il suit de là que l'héritier est obligé, comme le défunt l'était lui-même, sur tous ses biens présents et à venir, et non pas seulement sur les biens de la succession; il est obligé à toutes les dettes, lors même que l'actif serait insuffisant ou qu'il n'y aurait pas du tout d'actif. C'est ce que l'on a coutume d'exprimer en disant que l'héritier est tenu des dettes même *ultra vires successionis*, et ce qui a été consacré par la loi dans l'art. 724 d'abord, et plus formellement encore dans l'art. 873 qui dispose que l'héritier est tenu personnellement pour sa part et portion, c'est-à-dire pour le tout s'il est seul appelé et que sa part embrasse l'universalité de la succession. En effet, l'héritier est obligé personnellement; or aux termes de l'art. 2092, quiconque *est obligé* personnellement, est tenu de remplir son engagement sur tous ses biens mobiliers et immobiliers présents et à venir. On sait que l'héritier a un moyen de se soustraire à cette obligation illimitée : c'est de n'accepter que sous bénéfice d'inventaire.

Mais l'héritier ne saurait être obligé ni plus ni au delà que le défunt qu'il représente ; son obligation est absolument la même ; c'est la même personne juridique. Ainsi l'héritier même pur et simple d'une personne qui avait contracté une obligation pendant sa minorité, ou d'une femme mariée qui s'était obligée sans autorisation de son mari ou de justice, peut opposer au créancier la cause de nullité ou de rescision dont ces obligations sont entachées (art. 225, 1125).

De même l héritier d'une femme mariée sous le régime dotal qui s'est obligée pendant le mariage, même avec le consentement de son mari, peut s'opposer à l'exécution de cet engagement sur les immeubles dotaux. Cette solution n'est pas admise par tout le monde, et la jurisprudence a été longtemps fort divisée, bien qu'elle semble aujourd'hui à peu près universellement se rallier à l'opinion que j'adopte. L'acceptation de la succession, a-t-on objecté, forme un quasi-contrat et engendre une obligation nouvelle pour l'exécution de laquelle les biens dotaux, devenus les biens personnels de l'héritier, sont désormais le gage des créanciers de la femme devenus les créanciers personnels de l'héritier. Pour que l'objection fût sérieuse, il faudrait considérer comme indiscutable cette doctrine que l'adition pure et simple d'hérédité constitue un quasi-contrat par l'effet duquel l'héritier s'engage personnellement et sur tous ses biens. On l'a dit, mais on ne l'a pas prouvé, l'art. 777 ne suffit pas en présence du démenti formel de l'art. 785. A mon sens, c'est la loi elle-même qui détermine souverainement les droits et les obligations de ceux qu'elle appelle à succéder; c'est leur titre même d'héritier qui les oblige. L'acceptation n'a d'autre effet que de rendre irrévocables ces droits et ces obligations auxquels jusque-là il leur était permis de se soustraire; ce n'est, comme on l'a dit, que la *renonciation au droit de renoncer*, et c'est pour cela, bien que l'acceptation ne renferme de sa part aucune obligation nouvelle vis-à-vis des créanciers de la succession, que l'héritier doit être capable de s'obliger pour accepter. D'ailleurs si, d'une part, l'héritier devient le débiteur personnel des créanciers héréditaires, si les biens de la succession, devenus ses biens propres, sont désormais le gage de ces créanciers, il faut bien convenir, d'autre part, que ceux-ci ne sauraient avoir contre l'héritier plus de droits qu'ils n'en avaient contre le défunt : « Attendu, a dit avec raison la Cour de cassation, que si l'héritier pur et simple est tenu de payer toutes les dettes de la succession, il n'y est tenu que de la même façon et sur les mêmes biens que son auteur. » Cette confusion dont nous parlions ne peut donc pas comprendre les biens dotaux frappés d'inaliénabilité par leur nature et par la volonté de la loi. L'héritier les recueille tels qu'ils étaient entre les mains de la femme son auteur, c'est-à-dire affranchis de ces obligations. Relativement à ces biens, l'obligation de la femme était entachée d'un vice d'incapacité qui subsiste encore lorsqu'ils sont passés aux mains de l'héritier (Cassat. 16 déc. 1846, 30 août 1847, 14 nov. 1855 ; Duranton, t. 15, n° 581 ; Demolombe, *des Success.*, t. 2, n° 517 ; en sens contraire, Caen, 10 janv. 1842 ; Delvincourt, t. 3, p. 340 ; Toullier, t. 14, n°° 333, 334 et 340).

ARTICLE II.

Des successeurs appelés par la volonté du défunt.

Nous rangeons sous ce titre tous ceux à qui le *de cujus* a laissé, soit une quote-part, soit l'universalité de ses biens, mais toujours à titre universel, par un acte entre-vifs ou à cause de mort : tels sont les légataires universels ou à titre universel, les donataires universels ou à titre universel, les institués contractuels. Les règles sont les mêmes dans tous les cas. Il est certain que ces différents successeurs sont tenus des dettes de la succession en vertu de la nature même du titre qui engendre leur droit; mais quelle est la mesure de cette obligation? S'étend-elle, comme celle des héritiers légitimes, non-seulement sur les biens de la succession, mais encore sur tous leurs biens présents et à venir? doit-elle, au contraire, être restreinte à ceux qui sont transmis par le défunt? en un mot, sont-ils tenus *ultra vires emolumenti* ou seulement *intra vires?* Sont-ils, comme jadis, de simples successeurs aux biens, ou faut-il désormais les assimiler aux héritiers légitimes? C'est là une des questions les plus graves, la plus grave peut-être de notre sujet; et sur laquelle on est loin d'être d'accord.

La solution de la question que nous venons de poser en suppose une autre pour ainsi dire préjudicielle, et sur laquelle les esprits ne sont pas moins divisés : c'est de savoir si dans notre droit il y a encore des héritiers testamentaires ou institués. On sait qu'à Rome l'hérédité était ou testamentaire ou légitime; la volonté de l'homme pouvait faire un héritier tout aussi bien que la loi, et c'était même l'hérédité testamentaire qui occupait le premier rang dans les préoccupations des jurisconsultes et les habitudes de la vie sociale. Sur ce point; nos pays de droit écrit suivirent exactement les traditions romaines. Dans nos pays de coutume, au contraire, on ne reconnaît qne l'héritier du sang : *Heredes gignuntur, non scribuntur,* disait-on énergiquement, ou bien : *Solus Deus heredem facere potest, non homo,* et Loysel : « Institution d'héritier n'a point lieu. » Il n'y avait pas d'héritier institué; les coutumes

ne reconnaissaient que des légataires universels, tenus seulement jusqu'à concurrence des biens qu'ils
recueillaient. En présence d'une divergence si marquée,
quel est le parti auquel s'est arrêté le Code Napoléon?
Sa pensée est restée douteuse. Les uns pensent que,
fidèle à ses prédilections habituelles, le législateur de
1804 a reproduit entièrement la théorie coutumière
(Marcadé, art. 722, n° 8; Aubry et Rau, t. 5, p. 425);
d'autres, au contraire, soutiennent que le Code s'est
rattaché sur ce point aux traditions des pays de droit
écrit (Toullier, t. 2, n° 68; Merlin, *Légat.*, § 7, art. 1,
n° 17, *Répert.*; Demolombe, *Des success.*, t. 1, n° 80;
Mourlon, *Rép. écrit*, t. 2, p. 10). Il est certain que le
Code, en se servant des mots *succession*, *héritiers*,
notamment dans l'art. 711, semble avoir uniquement
en vue les successions *ab intestat* et les héritiers du
sang, bien que l'on trouve aussi au titre *des Donations
et Testaments* le mot d'*héritier institué* comme synonyme
de *légataire universel* (art. 896 et 1037), et celui de
succession appliqué à l'hérédité testamentaire, et que
plusieurs dispositions du titre *des Successions* soient
applicables et appliquées par tous à l'hérédité testamentaire. Au point de vue de la langue qu'emploie le
législateur, la première opinion peut avoir raison dans
une certaine mesure; mais il ne faut pas donner à cette
remarque purement terminologique plus de portée
qu'elle n'en a réellement, et ces différences de langage ne font rien quant au fond des choses. Nous pensons avec M. le président Nicias-Gaillard que « sur ce
point les qualifications ont perdu beaucoup de leur va-

leur, et que les choses ont pris la place des mots. » Le législateur a eu soin de nous en avertir lui-même dans ses art. 967 et 1002, en nous disant de ne plus nous attacher aux dénominations pour déterminer les effets d'une disposition testamentaire, mais aux règles par lui établies. Voici donc la véritable et sérieuse question. Quelles sont ces règles? Quel est l'effet du legs de l'universalité ou d'une quote-part de l'universalité de la succession? Qu'il n'y ait plus d'héritiers institués, mais seulement des légataires universels ou à titre universel, peu importe; ce qui importe au contraire en dehors de ces classifications nominales, c'est de savoir quelles sont ces règles du fond auxquelles renvoie le législateur, et s'il n'en résulte pas que les légataires universels sont de véritables successeurs *in universum jus*, auxquels il faut de tout point appliquer la maxime : *Qui in universum jus succedunt, loco heredis habentur*, les représentants, les continuateurs de la personne du défunt, et non plus comme jadis de simples successeurs aux biens. Ceci nous ramène à la question que nous avions posée plus haut : le légataire universel est-il tenu des dettes du défunt même *ultra vires successionis?* C'est en cherchant la réponse à cette question dans les textes de la loi et les principes qu'elle a consacrés, que nous verrons si le légataire universel est bien véritablement un héritier institué sous un autre nom, ou simplement un légataire tel que l'entendait l'ancien droit.

Trois opinions sont en présence. La première qui, à la vérité, compte peu de partisans, résout la difficulté par une distinction. Le légataire universel, dit-on dans ce système, est tenu des dettes *ultra vires successionis* lorsqu'il est saisi, c'est-à-dire aux termes de l'art. 1006, lorsque le défunt n'a pas laissé d'héritiers à réserve (Demante, t. 3, n° 24 *bis*). Cette doctrine s'appuie principalement sur l'art. 724, d'où l'on déduit cette conséquence que la saisine est la cause de l'obligation aux dettes. Or c'est précisément cette conséquence qui me semble erronée. Il n'est pas vrai que l'obligation aux dettes soit l'effet de la saisine. Sans doute l'héritier légitime est tenu des dettes en même temps qu'il est saisi, mais ce n'est point parce qu'il est saisi. La véritable raison, c'est qu'il est héritier et représentant du défunt; la véritable cause, c'est la succession *in universum jus defuncti*. Ainsi, à Rome, l'héritier *extraneus*, bien qu'il n'acquît l'hérédité qu'en faisant adition, n'en était pas moins le continuateur de la personne du défunt et tenu des dettes *ultra vires*. La confusion où sont tombés à cet égard nos anciens auteurs, provient de ce qu'ils ont vu presque toujours réunies en la même personne la saisine et l'obligation aux dettes, et ils ont pris pour la cause ce qui n'était qu'un effet concomitant. D'ailleurs les textes que nous allons examiner ne se prêtent pas à cette distinction.

La seconde opinion est plus radicale : jamais le légataire universel n'est tenu des dettes *ultra vires successionis;* qu'il soit saisi ou non, il n'est jamais qu'un simple successeur aux biens. On s'appuie sur les traditions de l'ancien droit, confirmées, ajoute-t-on, par l'art. 1002, qui aurait transformé l'institution d'héritier en un simple legs, et assimilé l'héritier institué au légataire universel en le réduisant à n'être plus qu'un simple successeur aux biens. Et l'on fait remarquer que le Tribunat, sur la demande de qui cet article a été écrit, disait dans ses observations : « Il est convenable d'énoncer bien précisément qu'il n'y aura désormais aucune différence entre la dénomination d'héritier et celle de légataire, et que tous les effets particulièrement attachés par les lois romaines au titre d'héritier sont entièrement détruits. » Donc l'obligation de payer la dette *ultra vires*, qui incombait à l'héritier romain, ne doit pas être étendue au légataire universel (Bugnet sur Pothier, t. 8, n° 243 ; Marcadé, art. 1002 ; Caqueray, *Revue prat.*, 1862, p. 250, etc.).

Malgré les imposantes autorités qui appuient cette opinion dans la doctrine, nous ne croyons pas qu'elle donne aux textes du Code et à ses principes leur véritable interprétation, et nous préférons le système indiqué dès l'origine par Merlin, consacré par un arrêt très-fortement motivé de la Cour de cassation du 13 août 1851, et depuis lors repris et développé par deux jurisconsultes éminents, M. le président Nicias-Gaillard, et M. Demolombe, dans son récent *Traité des successions.*

Remarquons d'abord que cet art. 1002, comme nous l'avons déjà dit plus haut, est très-loin d'avoir la portée qu'on veut lui attribuer. Il a voulu régler une question de mot, sans entrer dans le fond, effacer les différences qui existaient jadis entre l'institution d'héritier et le legs, en assimilant pour l'avenir ces deux dispositions autrefois si distinctes, et en s'en référant aux règles qui seront établies pour chaque espèce de legs. Nous avons déjà renvoyé à ces règles pour y chercher le véritable sens de cet art. 1002, et ce sont ces règles qu'il s'agit d'établir. Autrement, l'on pourrait tout aussi bien, aux conclusions que veulent en tirer les adversaires, opposer celle-ci qui n'est pas moins légitime : à savoir que l'intention du législateur ayant été d'assimiler les légataires universels et les héritiers, il a modifié sur ce point les anciens principes, et n'a plus laissé de différence entre les héritiers appelés par le vœu de la loi et ceux qui tiennent leur vocation de la volonté du défunt.

Quant à l'argument puisé dans les traditions de l'ancien droit, il est bien vrai que, dans la jurisprudence coutumière, le légataire universel, loin de devenir débiteur personnel des charges de la succession, n'en était tenu qu'à cause des biens, et pouvait dès lors s'en affranchir en les abandonnant. Mais, sans parler ici des pays de droit écrit, unanimes à repousser cette doctrine, dans ceux-là mêmes qui admettaient la distinction des successeurs aux biens et des successeurs à la personne, il convient de faire remarquer qu'il s'était glissé de singulières incertitudes à ce sujet dans les derniers temps de cette jurisprudence, et le savant doyen de la Faculté de Caen a réuni des textes empruntés aux principaux de nos anciens auteurs, qui révèlent de notables divergences d'opinion entre eux, et trahissent une tendance encore incertaine, mais bien digne d'être remarquée, à s'affranchir de ces distinctions arbitraires pour en revenir à la véritable nature des choses. Ainsi, tandis que Bourjon et Ferrières ne voient dans le donataire universel qu'un successeur aux biens assimilé au légataire universel, Pothier enseigne qu'il succède de même que tout autre héritier, et qu'il est tenu des dettes de la succession, même *ultra vires*, s'il n'a pas eu recours au bénéfice d'inventaire (*Cout. d'Orléans, des démissions de biens et inst. contract.*, appendice, nᵒ 23). Lebrun, parlant du légataire universel, va jusqu'à dire à quelques endroits qu'il est un héritier institué par la loi domestique et le testament du défunt; qu'il représente parfaitement sa personne; qu'il est tenu indistinctement de toutes ses obligations (liv. 3, ch. 4, nᵒˢ 10 et 79). L'opinion commune était que le successeur irrégulier (1) que l'on dispensait d'obtenir des lettres de bénéfice d'inventaire, était tenu *ultra vires* s'il n'avait pris soin de constater la consistance de la succession par un inventaire. Lebrun en donne une raison remarquable : *C'est*, dit-il, *qu'ils succèdent à toutes sortes de biens meubles ou immeubles, et qu'ils représentent en*

____

(1) Au nombre des successeurs irréguliers de l'ancien droit, n'était pas compris le conjoint survivant, que Pothier considère comme un vrai héritier, succédant à tous les droits actifs et passifs du défunt. *Cout. d'Orléans*, introduction au tit. 17, nᵒ 55; Lebrun, *loc. cital.*, disait aussi qu'il doit obtenir des lettres de bénéfice d'inventaire, s'il veut s'exempter d'être tenu des dettes au delà des forces de la succession, ce qui a fait penser à un auteur moderne, qu'il eut indubitablement décidé la même chose, relativement aux enfants naturels s'ils eussent été de son temps appelés à la succession comme sous le Code. Duranton, tom. 7, nᵒ 12.

cela la personne du défunt. Un autre auteur formulait la même pensée d'une manière plus générale : Par quelque titre que l'on succède, pourvu que le titre soit universel, le successeur est réputé héritier, par la raison que toute personne a la qualité d'héritier, qui succède en tous les biens du défunt (Dantoine, *Règles du droit civil*, cité par Demolombe, t. 3, n° 116). Cette maxime, traduction exacte de la loi 128, § 1, *De reg. jur.*, au Dig. : *Qui in universum jus succedunt, loco heredis habentur,* est d'autant plus digne d'attention qu'elle va devenir le principe fondamental de notre droit nouveau.

Quoi qu'il en soit de ces textes dont je ne cherche pas à exagérer l'importance, mais qui montrent cependant que l'ancienne jurisprudence n'était pas aussi solidement fixée qu'on voudrait l'assurer, tout en reconnaissant qu'en définitive l'opinion des adversaires était à peu près universellement admise alors, terminons ces citations par un texte important de Pothier, qui, en proclamant le principe, en donne clairement le motif : « A l'égard des donataires et *légataires universels,* dit ce grand jurisconsulte, *Traité des success.,* ch. 5, art. 3, § 1, *in fine,* du roi et des seigneurs, qui succèdent par aubaine, confiscation, droit de bâtardise, droit de déshérence, de l'abbé ou du monastère qui succède au pécule de son religieux, toutes ces personnes ne sont tenues des dettes que jusqu'à concurrence des biens auxquels ils succèdent; ils peuvent, en les abandonnant, se décharger des dettes. La raison est que toutes ces personnes ne succèdent point à la personne du défunt, mais seulement à ses biens, ils ne sont tenus des dettes que parce qu'elles sont une charge des biens ; *ils n'en sont point débiteurs personnels* ; or, c'est un principe que lorsqu'on n'est tenu de quelque dette qu'à raison d'une chose qu'on possède, on peut s'en décharger en abandonnant la chose. » Dans le même sens, Merlin, *Rép.*, *Légataire*, § 7, art. 13, n°° 13 et 15.

Abordons maintenant les textes du Code Napoléon. Aux termes de l'art. 1009, le légataire universel en concours avec un héritier à réserve est tenu des dettes et charges de la succession, *personnellement* pour sa part et portion, et hypothécairement pour le tout ; or, d'après l'art. 2092, quiconque s'est obligé personnellement est tenu de remplir son engagement sur tous ses biens mobiliers et immobiliers, présents et à venir ; donc le légataire universel, débiteur personnel des dettes et charges de la succession, est tenu de les acquitter même *ultra vires successionis* et sur ses biens personnels. Ce syllogisme, inattaquable en lui-même, acquiert une nouvelle force de la comparaison de l'art. 1009 avec l'art. 873, qui détermine l'obligation des héritiers légitimes, et s'exprime absolument de la même manière : « Les héritiers sont tenus des dettes et charges de la succession personnellement pour leur part et portion virile, et hypothécairement pour le tout. » La seule différence, et elle est insignifiante, est dans ce mot *virile*, qui ne se rencontre pas dans l'art. 1009, et qui n'a été écrit dans l'art. 873 que par un souvenir maladroit de l'ancienne jurisprudence que nous expliquerons à son lieu. (Voy. p. 156 et suiv.) Que faut-il conclure de ce rapprochement? C'est qu'apparemment le législateur n'a pas entendu se servir des mêmes mots pour déterminer deux situations diverses, et que si l'art. 873 veut dire que l'héritier légitime est tenu *ultra vires* des dettes de la succession, l'art. 1009, en ce qui concerne le légataire universel, ne peut pas avoir un sens différent.

On a essayé de répondre à cette argumentation saisissante de simplicité et de force, que l'ancien droit donnait aussi aux créanciers une action personnelle contre les légataires, bien qu'il ne les considérât que comme des successeurs aux biens; que c'est exagérer la portée des art. 1009 et 1012; que sans doute le mot *personnellement* n'y a été inséré que pour faire antithèse au mot *hypothécairement*, sans qu'on ait voulu étendre cette action personnelle au delà de ses anciennes limites; que, d'ailleurs, il n'est pas de l'essence de l'action personnelle d'être illimitée, et l'on peut voir un exemple du contraire dans les art. 1482, 1484, qui disposent que la femme commune en biens, qui a fait inventaire, encore qu'elle soit tenue personnellement des dettes de la communauté, ne peut pas être poursuivie *ultra vires;* qu'enfin cette théorie appellerait la faculté pour le légataire de n'accepter que sous bénéfice d'inventaire, et qu'aucun texte ne la lui accorde.

Ces objections, dont nous venons de résumer les principales, se concilient malaisément avec les art. 1009, 1012, dont les termes nets et précis répugnent à ces interprétations embarrassées, si contraires au sens qui s'offre naturellement à l'esprit. Reprenons-les une à une. D'abord, quand on nous objecte que le mot *personnellement* dans l'art. 1009 n'a été écrit que pour faire antithèse au mot *hypothécaireme.t*, on oublie sans doute que l'art. 873 est conçu dans des termes absolument identiques, et personne n'a jamais eu l'idée de restreindre à ce point la portée de ce même mot *personnellement*, qu'il n'ait eu d'autre but que d'établir l'opposition entre l'action réelle et l'action personnelle.

L'art. 873 détermine la mesure des deux actions personnelle et hypothécaire, qui peuvent appartenir au créancier contre l'héritier, d'après la nature de chacune d'elles, au point de vue de la division des dettes, et l'on est bien forcé de convenir que l'obligation personnelle s'étend, dans la proportion de sa part héréditaire, au delà des biens recueillis par l'héritier dans la succession, jusque sur son propre patrimoine ; l'on est bien forcé de convenir aussi que s'il n'y a qu'un héritier, si sa part comprend l'hérédité tout entière, il sera pour le tout personnellement tenu sur ses propres biens. L'art. 1009 dispose absolument la même chose à l'égard du légataire universel ; il reproduit textuellement l'art. 873, et il serait bien étrange que ce même mot *personnellement* eût dans deux cas semblables deux sens différents, quand rien n'indique chez le législateur la pensée d'une restriction quelconque aux principes généraux qu'il formule ! Comment apporter cette restriction à l'art. 1009 sans l'étendre du même coup à l'art. 873, et comment appliquer dans sa généralité l'art. 873 sans interpréter de même l'art. 1009? Il faut bien reconnaître pourtant que tel est le sens de l'art. 873, et comment les mêmes termes peuvent-ils recevoir une autre signification quand ils sont reproduits mot pour mot dans la loi? Dans le système que je combats, il serait faux de dire que le légataire universel est tenu personnellement; il n'est plus obligé que *propter rem;* mais une telle doctrine est la contradiction manifeste de l'art. 1009; ce n'est plus l'interpréter, c'est l'abroger, et l'on dénature à plaisir les dispositions les plus claires et les plus précises du législateur.

On nous dit bien que l'obligation personnelle n'est pas toujours illimitée, et l'on nous cite deux cas où elle s'arrête à certains biens déterminés; mais ces cas sont extrêmement rares, à peine en pourrait-on trouver d'autres, et s'il n'est pas de l'essence de l'obligation personnelle d'être indéfinie, ce caractère est si évidemment de sa nature (art. 2092, 2093) qu'il faut de toute nécessité un texte spécial pour fonder une pareille dérogation aux principes du droit commun. Où donc est ce texte? Il n'y en a qu'un, et c'est précisément cet art. 1009 qui consacre les principes de la manière la plus large, sans admettre aucune restriction. La loi a pris soin de s'expliquer formellement (art. 1484, 1485) quand elle a voulu y apporter quelque exception; ici, au contraire, non-seulement nous ne voyons rien de semblable, mais nous retrouvons les termes mêmes dont elle s'était servie pour régler la situation de l'héritier légitime.

Mais il faudrait alors, ajoute-t-on, que le légataire universel pût accepter sous bénéfice d'inventaire, et aucun texte ne le lui permet! Sans doute l'obligation illimitée aux dettes appelle comme un correctif nécessaire la faculté de se soustraire à ce fardeau en n'acceptant que bénéficiairement, et nous n'entendons point lui contester ce bénéfice. Seulement nous nions qu'un texte spécial soit nécessaire pour le lui concéder. Il a toujours été reconnu dans notre ancienne jurisprudence que le bénéfice d'inventaire appartient de droit à tous ceux qui sont tenus des dettes *ultra vires* (Poth., *Introduct. à la cout. d'Orl.*, tit. 19, append. n° 14), et cette décision d'équité et de raison peut être considérée comme une maxime constante de notre droit ancien et moderne. Aucun texte ne le dit expressément; mais était-il donc besoin d'un texte spécial! Qui doute que le légataire universel même saisi ne puisse refuser la succession? Qui doute qu'il ne puisse sortir de l'indivision et intenter l'action en partage? Pourtant aucun texte ne lui accorde ce double droit au titre *des Donations et Testaments;* mais on lui applique sans hésitation les règles tracées au titre *des Successions* pour régir, en ce qui concerne les héritiers, une situation absolument semblable. Ne faut-il pas faire de même pour le bénéfice d'inventaire? Était-il nécessaire d'écrire un article tout exprès, et puisque les raisons de décider sont les mêmes, pourquoi ne pas user de la même méthode d'analogie et se créer une difficulté qui n'existe pas?

Restent les traditions de l'ancien droit dont on prétend que les art. 907 et 1002 ont consacré les principes. Il est inutile de revenir sur ce point après ce qui a été dit plus haut; nous avons montré que ces articles, loin d'être un argument contraire à notre système, ont eu précisément pour but d'effacer ces différences que faisaient naître les dénominations diverses dont s'était servi le testateur; qu'en tout cas, tranchant uniquement une question de mots sans statuer sur le fond, ils se bornaient à renvoyer aux règles ci-après établies. Ces règles, c'est précisément l'art. 1009 qui les exprime, cet art. 1009 sur lequel s'appuie toute cette discussion, et dont il est impossible de méconnaître la portée. Il faut bien reconnaître d'ailleurs la profonde différence qui existe entre ce texte si bref, si clair, si concluant, si absolu et si large dans sa concision qui forme notre droit nouveau et le langage restrictif et embarrassé dont se servaient nos anciens auteurs. N'oublions pas qu'à une époque antérieure, si le légataire universel devait contribuer aux dettes dans ses rapports avec les héritiers, du moins il ne pouvait pas être poursuivi directement par les créanciers héréditaires; et si plus tard on en vint à concéder à ceux-ci une action directe, ce fut en les considérant pour ainsi dire comme les cessionnaires légaux du droit des héritiers. C'est pourquoi cette action ne fut jamais donnée contre eux d'une manière absolue; Lebrun la qualifiait d'imparfaite, Ricard enseignait qu'ils n'étaient tenus que *ob rem*, et Pothier, dans le texte important que nous avons cité plus haut, nous en apprend la raison : *c'est qu'ils ne sont point*, dit-il, *des débiteurs personnels.* C'est précisément le contraire que décide le Code dans l'art. 1009. Désormais le légataire est un débiteur personnel, il est tenu personnellement, il doit remplir son engagement sur tous ses biens présents et à venir, mobiliers et immobiliers.

Mais si le légataire universel est débiteur personnel, il faut aller plus loin et reconnaître que dans la pensée du législateur moderne, le légataire universel n'est pas seulement un simple successeur aux biens comme dans l'ancienne jurisprudence, mais un véritable successeur à la personne, le représentant, le continuateur de la personne du défunt, qu'en un mot cette antique distinction des successeurs aux biens et des successeurs à la personne a disparu. Non-seulement en effet il a droit à l'universalité des biens, non-seulement à ce titre il faut lui appliquer la maxime : *Qui in universum jus succedunt, loco hæredis habentur;* il a de plus la saisine légale, c'est-à-dire qu'à l'instar de l'héritier il est investi de tous les biens, droits et actions dont se compose l'hérédité. Comment prétendre alors qu'il ne continue plus la personne ? Il est vrai que s'il se trouve en concours avec des héritiers à réserve, cette disposition cesse. Mais qu'importe ? L'obligation où il se trouve de leur demander la délivrance de son legs n'est qu'une mesure de déférence imposée par la loi en faveur des héritiers du sang, à qui elle assure le moyen de contrôler la validité du titre qui leur donne un concurrent ; l'existence de ces héritiers à réserve restreint la libéralité faite au légataire universel, sans rien changer à la nature de ses droits ni altérer le caractère du titre que lui a conféré le testament : il n'en reste pas moins successeur à la personne, et en cette qualité, ainsi le dispose l'art. 1009, personnellement obligé envers les créanciers de la succession, obligé même sur ses biens personnels. D'ailleurs s'il n'est pas saisi dès l'ouverture de la succession, il le sera dès qu'il aura obtenu la délivrance de son legs, soit de l'héritier lui-même, soit de la justice ; et qu'importe qu'il l'ait été un peu plus tôt ou un peu plus tard ? La délivrance pour le légataire, c'est la saisine ; du moment qu'elle a été judiciairement obtenue ou volontairement consentie, il est saisi aussi pleinement, aussi efficacement que si le défunt n'avait pas laissé d'héritiers légitimes.

Arrivés à ce point, nous pouvons mesurer le chemin parcouru et déclarer avec la Cour de cassation « que le droit à une quotité de succession implique l'obligation de supporter une quotité proportionnelle des dettes et charges ; que ce droit et cette obligation sont des conséquences corrélatives de tout titre successif universel ; qu'il n'y a pas à distinguer sous ce rapport entre les successeurs à titre universel qui sont institués par la loi et ceux qui sont institués par la volonté de l'homme ; qu'il n'y a pas à distinguer davantage, soit entre le légataire universel qui se trouvant en concours avec un héritier à réserve, est tenu de demander la délivrance, et le légataire universel qui ne concourant point avec un héritier légitime, est saisi de plein droit de la succession, soit même entre le légataire universel et le légataire à titre universel ; que ces divers légataires sont, comme les héritiers eux-mêmes, de véritables successeurs à titre universel, ayant les mêmes droits et sujets aux mêmes charges ; .... que l'obligation personnelle dont le successeur universel est ainsi tenu n'a pas pour principe unique le titre universel successif d'où elle dérive ; qu'elle a aussi pour cause la confusion des biens du défunt avec les biens du successeur ; qu'elle ne se mesure donc pas à l'importance des biens que ce dernier a recueillis, mais à la portée de son titre même..... ; que pour empêcher la confusion de s'opérer..... et prévenir les conséquences de cette confusion, un seul moyen est offert par la loi au successeur qui, s'il craint de ne pas trouver dans son émolument des ressources suffisantes pour le payement des dettes, peut recourir au bénéfice d'inventaire ; que sous ce rapport, la position de l'héritier légitime et celle de l'héritier institué sont identiquement les mêmes, la loi n'ayant pas établi en faveur du second une qualité de successeur bénéficiaire qui subsisterait de plein droit, sans l'accomplissement des formalités destinées à en assurer l'efficacité et à garantir les droits des créanciers, etc..... » (Cassat., 13 août 1851.)

La Cour de cassation, dans cet arrêt, a définitivement proclamé les principes du droit nouveau, et si nous élevant au-dessus des textes nous examinons en elle-même cette importante question, nous recon-

naîtrons sans peine que le législateur moderne qui faisait disparaître autour de lui toutes les distinctions fon-
dées sur des formules arbitraires pour adapter la loi à
la nature même et à la réalité des choses, devait nécessairement, au triple point de vue de l'équité, de la
raison et de l'histoire, être amené à consacrer ces
principes. Au point de vue de l'équité, car il n'est pas
juste qu'un successeur jouisse des avantages du bénéfice d'inventaire sans en remplir les formalités et que
les créanciers soient ainsi privés de ces formalités
protectrices qui seules peuvent garantir leurs droits,
sauvegarder leurs intérêts, et ne leur deviennent assurément pas moins nécessaires lorsqu'un successeur
universel appréhende les biens qui forment leur gage
en vertu de la volonté du mourant, que s'il était appelé à les recueillir par le vœu de la loi elle-même.
Au point de vue de la raison, et c'est un de nos adversaires qui va nous le prouver : « Le patrimoine d'un
individu, disent MM. Aubry et Rau, est la personnalité même de cet individu considéré dans ses rapports
avec les objets du monde extérieur sur lesquels il a
des droits à exercer. » (*Sur Zachariæ*, IV, p. 108.)
J'adopte pleinement, pour ma part, cette définition philosophique, qui me paraît à la fois d'une grande justesse et d'une grande profondeur. Mais si le patrimoine d'un individu constitue sa personne juridique,
il faut bien en conclure avec le Code que tous ceux qui
succèdent à son patrimoine succèdent aussi à sa
personne, et je ne vois pas par quel motif arbitraire
on établirait entre ceux que la volonté de l'homme

appelle et ceux que la loi désigne, quand leur droit en lui-même est identique, une différence que la raison repousse. Dirait-on que l'homme par sa seule volonté ne peut pas transmettre à un étranger sa personnalité juridique avec son patrimoine ?

Mais sur quelle raison peut-on se fonder pour le soutenir? Qu'est-ce que la personne d'un individu au point de vue juridique, sinon l'ensemble de ses droits transmissibles actifs et passifs? S'il peut transmettre ses droits dans leur universalité à un étranger, ne fait-il pas de celui qu'il choisit le représentant et le continuateur de sa personne, tout aussi bien que le serait un collatéral éloigné que la loi met au rang des héritiers légitimes? Ne sont-ils pas investis l'un et l'autre des mêmes actions et des mêmes droits, et qu'est-ce que représenter la personne du défunt, sinon succéder à ses actions et à ses droits? La loi du testament qui appelle le légataire universel, est aussi puissante que la loi générale où les héritiers puisent leur vocation ; à part les droits sacrés de la famille garantis par la réserve, le défunt dispose souverainement de ses biens, et l'héritier institué ne tient pas au défunt par des liens moins intimes et moins forts que l'héritier légitime.

Au point de vue de l'histoire enfin, c'est le droit romain tout entier qui nous montre l'héritier institué mis au rang de l'héritier légitime et même avant lui, qui assimile à l'héritier tous ceux qui recueillent l'universalité du patrimoine, parce qu'on chercherait vainement une différence juridique, et qui nous laisse à ce sujet la plus haute expression de la raison écrite formulée par le préteur dans cette courte maxime : *Qui in universum jus succedit, loco heredis habetur*. C'est le droit écrit qui conserve ces traditions sans interruption et les continue jusqu'à nos jours. Sans doute le droit coutumier ne reconnaît pas à la volonté de l'homme la puissance de faire un héritier ; c'est qu'il se place à un autre point de vue, et qu'il subit l'influence facile à distinguer du droit politique ou féodal. Mais du moment qu'on permet à l'homme de transmettre à un étranger l'ensemble de ses droits, du moment que l'on autorise le legs à titre universel, c'est-à-dire sous un autre nom l'institution d'héritier, on peut constater au sein même de la jurisprudence coutumière, un retour lent mais continu vers les principes que commande la nature des choses. Ne sait-on pas que dans notre très-ancien droit le légataire universel était complétement affranchi des dettes ; que plus tard il dut en supporter le poids, mais par voie de contribution seulement, sans que les créanciers pussent le poursuivre directement ; que plus tard encore il put être poursuivi directement, mais dans les limites seulement du droit de contribution?

C'est dans cet état que le nouveau législateur trouve la jurisprudence coutumière ; il fallait faire le dernier pas, effacer cette distinction des successeurs aux biens et des successeurs à la personne qui ne se justifie pas, et revenir à des règles plus conformes à la vraie nature des choses. C'est là aussi ce qu'il a fait ; seulement il respecte la langue du droit national, il garde à l'héri-

tier institué son vieux nom de légataire universel ou à
titre universel ; mais il nous avertit en même temps
que les dénominations ne font rien au fond des choses ;
que désormais c'est la nature du titre successif, universel ou particulier, qu'il faut considérer ; et il pose
en principe que tout successeur universel est *obligé
personnellement*, sans restriction ni limitation aucune,
et par conséquent qu'il représente et continue la personne du défunt, puisqu'il succède à tous ses droits et
qu'il est investi de toutes ses actions. C'est ainsi qu'ap-
puyé, d'une part, sur les traditions historiques qui l'y
conduisaient, de l'autre, guidé par les principes rationnels qui devaient l'amener au même résultat, le législateur consacre, sous un autre nom, l'institution
d'héritier testamentaire, et fait rentrer dans notre
droit cette maxime romaine que nous citions tout à
l'heure, et qui peut être considérée désormais comme
l'exacte et saisissante formule de la loi écrite et de la
raison (Cassat., 13 août 1851 : Merlin, *Rep.*, *Legat.*,
§ 7, n° 17 ; Dalloz, *Répert.*, *Disposit. entre-vifs et testament.*, n°* 3680 et 3681 ; Demolombe, *Des success.*,
t. 3, n°* 116-118 ; t. 5, n° 38).

J'applique sous réserve la même doctrine au légataire à titre universel. D'abord on remarquera que le
légataire universel en concours avec un héritier réservataire n'est plus en réalité qu'un légataire à titre
universel, et tout ce que je viens de dire du premier
se peut dire également du second. En outre, l'art.
1012 nous fournit un argument plus décisif encore ;
il dispose que le légataire à titre universel sera tenu,

comme le légataire universel, des dettes et charges
et de la succession, *personnellement* pour sa part et
portion, et hypothécairement pour le tout (Demolombe, *loc. cit.;* Dalloz, *id.*, n° 3737).

La même doctrine est également, par les mêmes
motifs, applicable aux donataires de biens à venir par
contrat de mariage (art. 1084, 1085, 1093).

ARTICLE III.

Des successeurs irréguliers.

Le Code Napoléon, à côté des héritiers légitimes
et des successeurs testamentaires, reconnaît une troisième classe de successibles appelés par la loi elle-
même, mais à qui elle n'a pas accordé le nom et le
rang d'héritiers légitimes. On les appelle des successeurs irréguliers, et l'on sait que ces successeurs irréguliers sont : l'enfant naturel, le conjoint survivant
et l'État. La question que nous avons examinée tout
à l'heure au sujet des légataires universels et à titre
universel, se pose encore une fois devant nous. Il est
certain que ces successeurs irréguliers sont tenus des
dettes; mais quelle est la mesure de cette obligation ?
faut-il la restreindre aux biens qu'ils recueillent, ou
bien seront-ils tenus, comme les héritiers légitimes
et dans notre opinion comme les légataires, même *ultra
vires emolumenti* de remplir leur engagement sur tous
leurs biens présents ou à venir, mobiliers ou immobiliers ?

Ici encore nous rencontrons deux opinions contradictoires : l'une qui assimile sous ce rapport les successeurs irréguliers aux héritiers légitimes ; l'autre, au contraire, qui ne voyant en eux que des successeurs aux biens, ne les déclare tenus des dettes que jusqu'à concurrence de ces mêmes biens, en vertu de ce principe d'équité et de raison : *Non intelliguntur bona, nisi deducto œre alieno.* Les longs développements que nous avons donnés dans l'article précédent à l'examen d'une question qui présente avec celle-ci de si frappantes analogies, nous dispense de la traiter de nouveau, en ce qui concerne les successeurs irréguliers, et nous nous contenterons d'exposer sommairement les principaux arguments qui ont été proposés de part et d'autre.

En faveur de l'opinion qui ne considère les successeurs irréguliers que comme de simples successeurs aux biens, on invoque d'abord les traditions de l'ancien droit. Le nom de successeurs irréguliers leur était donné précisément par cette raison, nous dit Pothier, qu'ils ne succèdent pas à la personne, mais seulement aux biens ; d'où il suit qu'ils sont tenus des dettes comme charges des biens, et seulement jusqu'à concurrence de leur valeur (*des Succes.*, ch. 6). Et l'on ajoute qu'ils avaient alors cette saisine légale que le Code Napoléon leur a refusée (Poth., *Introd. à la cout. d'Orl.*, tit. 17, n° 85 ; Merlin, *Rép. Héritier*, sect. 1", § 2, n" 2 et 3). C'est bien là la doctrine que le Code a consacrée, quand il emploie, dans l'art. 723, ces mots significatifs : les biens leur passent. Si la loi évite de les appeler héritiers, et les désigne sous le nom de successeurs irréguliers, c'est bien évidemment qu'ils ne représentent pas la personne du défunt, et par conséquent qu'ils ne sont point des débiteurs personnels. Aucun texte, d'ailleurs, ne leur impose cette obligation illimitée ; loin de là l'art. 724 leur refuse la saisine légale, à laquelle le législateur semble la rattacher. D'ailleurs, qui oserait soutenir que l'État est tenu des dettes *ultrà vires?* et l'État n'est-il pas mis sur la même ligne que tous les successeurs irréguliers?

On a répondu à cette argumentation en rappelant ce principe fondamental de notre droit nouveau, si pleinement mis en lumière par l'arrêt de cassation du 13 août 1851, que tout titre successif universel implique l'obligation personnelle et illimitée aux dettes, et que ceux qui recueillent l'universalité des biens du défunt, en tout ou en partie, sont considérés comme étant *loco heredum.* Nous l'avons établi plus haut, en ce qui concerne les légataires universels ou à titre universel, d'une manière qui, dans notre opinion, ne souffre point de réplique. Or les successeurs irréguliers qui sont appelés par la loi, les enfants naturels, le conjoint survivant et les autres successibles du même ordre (art. 766), sont assurément pour le moins autant que les légataires appelés par la volonté de l'homme, investis d'un titre successif universel et placés comme tels *loco heredum.* Comment, lorsque l'enfant naturel succède au défunt, ainsi s'exprimait l'orateur du gouvernement, M. Treilhard, serait-il moins considéré comme un successeur du défunt *in universum jus* qu'un simple légataire universel, de telle sorte que le *de cujus* n'aurait point de représentant. Sans doute il n'a pas la saisine légale, mais nous avons déjà montré (voy. *Supra*, p. 115) que la saisine est étrangère à l'obligation aux dettes. D'ailleurs, s'il n'a pas de plein droit la saisine légale, il peut demander et obtenir la saisine judiciaire ; et « lorsque l'envoi en possession a été prononcé, son effet remonte, comme l'effet de l'acceptation, au jour de l'ouverture de la succession. » (Cassat., 13 juin 1855.)

Quant aux traditions de l'ancien droit, elles ont beaucoup moins de valeur qu'on ne voudrait leur en attribuer. L'enfant naturel n'avait aucuns droits successoraux dans notre ancienne jurisprudence, et le conjoint survivant était considéré non pas comme un successeur irrégulier, mais comme un véritable héritier et en cette qualité tenu des dettes mêmes *ultra vires* : « La succession *unde vir et uxor*, dit Pothier, est une vraie succession qui ne diffère en rien des autres successions ;... le survivant qui succède à ce titre au prédécédé est un vrai héritier, et il est, de même qu'un parent suivant l'art. 301, saisi de tous les droits actifs et passifs du défunt dès l'instant de sa mort (*Introd. à la cout. d'Orléans*, tit. 19, n° 35). » L'ancien droit ne connaissait d'autre succession irrégulière que celle qui était déférée au roi ou aux seigneurs hauts justiciers dans certains cas, ou bien encore au monastère ou à la fabrique de l'église, quand il s'agissait de la cotte morte ou pécule laissé par un religieux (Pothier, *Des Succ.*, ch. 6), en un mot que celle qui serait de nos jours dévolue à l'État. Aussi tout le monde admet-il que l'État n'est pas tenu des dettes *ultra vires;* mais on n'en saurait rien conclure en ce qui concerne les autres successeurs irréguliers, car sans parler des règles de comptabilité publique qui ne le permettraient pas, l'État n'est pas un véritable successeur *loco heredis;* ce n'est pas une succession qu'il recueille, c'est un bien vacant et sans maître, une sorte d'épave qui lui est attribuée en vertu d'un droit d'occupation qu'il exerce au nom et dans l'intérêt de tous les citoyens (Demolombe, *Des Success.*, t. 1, n° 160).

Malgré la valeur de cette argumentation, et tout en persistant à penser que le légataire universel ou à titre universel est tenu des dettes *ultra vires successionis.* nous admettrions plus difficilement qu'il en soit de même du successeur irrégulier; mais notre opinion se fonderait sur des motifs différents de ceux que nous avons donnés plus haut, en tous cas les deux doctrines ne nous paraissent pas inconciliables. Remarquons d'abord que nous n'avons pas ici un texte formel comme les art. 1009 et 1012, qui abolit les anciennes traditions et tranche irrévocablement la question. La comparaison que M. Demolombe établit entre le légataire et le successeur irrégulier, et sur laquelle repose tout son système, ne nous semble pas, en l'absence d'un texte, un argument décisif : « La doctrine ancienne, dit M. Demante (t. 3, n° 24 *bis*, 4 en note), n'est abandonnée par les arrêts ci-dessus cités à l'égard des légataires que parce qu'on considère ceux-ci comme assimilés par le Code à des héritiers institués. Mais en présence des textes qui refusent le titre d'héritiers aux successeurs irréguliers, je ne vois pas comment un simple argument d'analogie pourrait suffire pour autoriser l'abandon de notre principe. » Il faut bien reconnaître, en effet, qu'on ne peut s'appuyer ici ni sur l'art. 1002 ni sur les art. 1009-1012, et, dès lors, le système qui prétend assimiler le légataire universel et le successeur irrégulier n'a plus de base solide.

Là n'est pas cependant la seule ni même la principale raison qui nous porterait à le repousser. L'obligation personnelle et, par conséquent, illimitée aux dettes n'a pas pour principe unique le titre successif universel ; elle a encore pour cause, c'est la Cour de cassation qui nous l'apprend dans ce même arrêt du 18 août 1851, la confusion qui s'opère entre le patrimoine du défunt et celui du successible, confusion à laquelle le légataire universel, pas plus que l'héritier, ne peut se soustraire qu'en acceptant sous bénéfice d'inventaire. Or, dans certains cas particuliers où les biens sont dévolus à un successeur irrégulier, la confusion ne s'opère pas ; la loi le place d'elle-même dans la situation de l'héritier bénéficiaire en lui prescrivant d'accomplir les formalités qui sont destinées à garantir les droits des créanciers, et préviennent la confusion des patrimoines. C'est ce qui résulte des dispositions des art. 769 et suiv. qui ordonnent au conjoint survivant et à l'administration des domaines, quand ils prétendent à la succession, de faire apposer les scellés et de faire faire inventaire dans les formes prescrites pour l'acceptation des successions sous bénéfice d'inventaire, et de l'art. 775 qui étend cette disposition aux enfants naturels appelés à défaut de parents. Il est vrai que la loi a eu principalement en vue de sauvegarder les droits des héritiers du défunt, s'il venait à s'en présenter, et c'est pour cette dernière raison que l'époux survivant est obligé de faire emploi du mobilier ou de donner caution suffisante pour en assurer la restitution ; néanmoins, par l'effet de ces prescriptions, la confusion ne s'opère pas, les deux patrimoines restent distincts, la cause de l'obligation illimitée fait défaut. Le successeur irrégulier n'a pas besoin d'accepter sous bénéfice d'inventaire, la loi ne lui permet que ce mode d'acceptation, suivant les termes mêmes de l'art. 769, et il n'est que juste, en même temps qu'on lui en impose les charges, de lui en assurer les avantages.

On pourrait objecter que l'obligation de remplir les formalités dont nous venons de parler cesse pour l'enfant naturel lorsqu'il se trouve en concours avec un héritier légitime. Faut-il dans ce cas le déclarer tenu *ultra vires* pour sa part héréditaire ? On peut toujours opposer à ce système les arguments que nous proposions plus haut, l'absence d'un texte semblable aux art. 1009-1012, et ce titre d'héritier que la loi lui refuse. Les choses se passeront alors comme elles se passent lorsque deux héritiers légitimes se trouvant en présence, l'un accepte purement et simplement, le second sous bénéfice d'inventaire seulement. Remarquons toutefois que si, de fait, la confusion s'est opérée entre les biens personnels du successeur irrégulier et ceux qu'il a recueillis dans la fortune du défunt, sans qu'il ait pris soin d'en constater l'importance par un inventaire, il sera de fait tenu même *ultra vires emolumenti* vis-à-vis des créanciers héréditaires. Peut-être même, dans ce dernier cas, pourrait-on dire qu'ils sont toujours tenus *ultra vires*, lorsqu'ils n'ont pas rempli toutes les formalités du bénéfice d'inventaire (Ducauroy, Bonnier et Roustaing, 2, n° 546).

CHAPITRE II.

DE LA DIVISION DES DETTES.

Nous avons toujours supposé jusqu'ici que le défunt ne laissait qu'un successeur légitime ou testamentaire; ce cas n'est pas le plus ordinaire. Il arrive souvent au contraire que la succession se partage entre un grand nombre de têtes, soit que ceux qui sont ainsi appelés en concours à recueillir les biens de la succession viennent tous en vertu de la loi ou en vertu de la volonté de l'homme, soit qu'il se rencontre ensemble des successeurs légitimes et institués. Quel est alors le sort des dettes qui composent le passif héréditaire? comment sont-elles réparties, supportées et payées? tel est l'objet de ce chapitre.

Les dettes se divisent de plein droit entre les héritiers, du jour de l'ouverture de la succession. Ce principe, qui remonte jusqu'aux époques les plus reculées et se trouve écrit dans la loi des Douze Tables, est arrivé jusqu'à nous à travers les âges, et il a été de nouveau formulé dans l'art. 1220 Cod. Napoléon.

Il importe de bien comprendre sa portée; il ne signifie pas que la loi attribue en totalité telle dette à chacun des héritiers. La division porte sur chacune

des dettes, qui se décompose en autant de dettes nouvelles que le défunt compte de successeurs ayant
une existence distincte, indépendantes l'une de l'autre
et fixées sur la tête de chacun des héritiers de plein
droit et du jour de l'ouverture de la succession. Dès
lors les arrangements particuliers qui peuvent dans la
suite intervenir entre les héritiers, et qui auraient
pour objet de mettre la totalité d'une dette dans le lot
de l'un d'eux, chargé de la payer en l'acquit des autres, ne sauraient être opposables aux créanciers.
Sans doute ceux-ci pourront bien poursuivre ce cohéritier pour le tout; mais c'est en exerçant les droits des
autres cohéritiers leurs débiteurs en vertu de l'art.
1166, et sans qu'ils puissent être dépouillés de la
faculté de poursuivre chacun de ceux-ci pour leur
part et portion.

L'effet de cette division ne s'arrête pas aux héritiers ou successeurs immédiats du défunt, il se
prolonge indéfiniment chez les successeurs ou héritiers de ceux qui étaient venus en première ligne;
en sorte que si l'un des héritiers vient à mourir, ses
propres héritiers ne sont pas tenus solidairement de
sa portion héréditaire dans les dettes de la succession
qui lui était échue avant son décès; mais cette portion de dettes, qui était devenue une dette personnelle, se fractionne et se divise comme toutes les autres. La solidarité de la dette du défunt, débiteur
primitif, n'est pas non plus un obstacle à la division
des dettes; ses héritiers seront tenus chacun pour sa
part solidairement avec les codébiteurs de leur auteur

dans la mesure de cette part; mais aucun lien de solidarité n'existe entre les cohéritiers (art. 2249).

Nous retrouvons ici cette distinction qui joue un si grand rôle dans l'ancien droit, et que le Code a reproduite, ainsi qu'il résulte de la comparaison des art. 870, 873, entre la contribution aux dettes et l'obligation de répondre aux poursuites des créanciers, bien qu'elle ait désormais beaucoup moins d'importance, c'est-à-dire que nous avons à déterminer d'abord les relations des différents successeurs ou contribuables entre eux, puis leurs rapports avec les créanciers héréditaires. Nous avons vu que dans notre ancienne jurisprudence ces relations diverses étaient loin d'être gouvernées par les mêmes règles ; quoique le législateur ait grandement simplifié les complications qui embarrassaient cette matière, il reste encore quelques différences. D'ailleurs l'ambiguïté et la confusion des textes font naître à chaque pas des difficultés graves sur lesquelles on est loin d'être d'accord, et que nous essayerons de résoudre à l'aide des principes que nous avons établis dans le chapitre précédent. Nous verrons successivement dans celui-ci :

1° La part contributoire de chaque successible dans les dettes de la succession, c'est à-dire la manière dont chacun est tenu de les supporter en définitive, relativement à ses cosuccesseurs;

2° La part à subir quant à la poursuite, c'est-à-dire la manière dont chacun est tenu envers les créanciers;

3° Les conséquences de la division des dettes et les cas exceptionnels où l'un des successeurs peut être forcé à lui seul de payer une dette héréditaire dans son intégralité. Le plus fréquent de ces cas est celui où la dette du défunt était garantie par une hypothèque, qui donne au créancier la faculté d'intenter à son choix une action personnelle qui se divise entre chacun des successeurs, ou une action réelle pour le tout. Mais à raison de l'importance de cette matière, nous lui avons consacré un chapitre spécial qui suivra immédiatement celui-ci.

ARTICLE PREMIER.

De la contribution aux dettes.

Quiconque prend la totalité de l'actif est obligé de payer la totalité du passif; quiconque prend une quote-part de l'actif est obligé de payer une quote-part du passif. Cette part, pour laquelle les différents successeurs du défunt doivent contribuer au payement des dettes qu'il a laissées, est proportionnée à celle qu'ils recueillent dans sa succession. Ainsi l'héritier, le légataire universel ou à titre universel, le successeur irrégulier, supportent tous une part proportionnelle du passif à celle à laquelle ils ont droit dans l'actif; le légataire particulier, au contraire, en est affranchi, car la charge des dettes ne pèse sur aucun bien d'une manière déterminée, mais sur l'ensemble du patrimoine. Toutefois il faut faire une distinction entre l'héritier légitime ou institué qui accepte purement et simplement,

d'une part, et l'héritier qui n'accepte que sous bénéfice d'inventaire, d'autre part. L'héritier pur et
simple, le légataire universel ou à titre universel,
tenus des dettes même *ultra vires successionis*, devront payer une part proportionnelle dans les dettes
à la part qu'ils prennent dans l'actif, quand bien
même tout cet actif serait absorbé et au delà par le
passif héréditaire; au contraire, l'héritier bénéficiaire
n'y contribuera que jusqu'à concurrence des biens
du défunt. Tels sont les principes généraux de la matière.

En ce qui touche les héritiers, la règle est posée
par l'art. 870 dans les termes suivants : « Les cohéritiers contribuent entre eux au payement des dettes
et charges de la succession, chacun dans la proportion
de ce qu'il y prend. » Tout le monde convient que
lo véritable sens de cet article est celui-ci : Les
cohéritiers contribuent au payement des dettes chacun dans la proportion de sa part héréditaire. C'est
à peu près le texte et c'est tout à fait le sens de
l'art. 1220, dont la formule est sur ce point beaucoup
plus exacte. Le législateur de 1804, en écrivant
l'art. 870, a mal à propos reproduit nos vieilles coutumes de Paris et d'Orléans, dont les art. 334 et 340
portaient, en effet, que les héritiers sont tenus entre
eux de contribuer au payement des dettes « chacun
pour telle part et portion qu'ils amendent; » et ce
langage alors était conforme à la vérité, puisque les
héritiers succédant les uns aux meubles, acquêts et
conquêts, les autres aux propres, contribuaient aux

dettes dans la proportion de ce que chacun *amendait* dans la succession ; il fallait une ventilation pour déterminer cette proportion. Aujourd'hui tous les biens confondus ne forment plus (art. 732) qu'une seule et unique masse à laquelle tous les héritiers succèdent indistinctement ; la formule de l'art. 870 cesse d'être exacte, et elle conduirait à des solutions erronées si on la prenait au pied de la lettre, car il peut se faire que les héritiers ne contribuent pas aux dettes de la succession chacun dans la proportion de ce qu'il y prend. Ainsi l'un des héritiers est légataire par préciput, il prendra dans la succession plus que ses cohéritiers ; cependant il ne supportera pas une part plus forte dans les dettes. En sens inverse, l'un des héritiers a été chargé seul de l'acquittement d'un legs particulier fait au profit d'un tiers ; il est clair qu'il prendra dans la succession moins que ses cohéritiers ; pourtant sa part contributoire aux dettes restera la même.

Les légataires universels ou à titre universel, avons-nous dit, supportent aussi une fraction du passif corrélative à celle qu'ils recueillent de l'actif. Voici comment s'exprime à leur égard l'art. 871 : « Le légataire à titre universel contribue avec les héritiers au prorata de son émolument ; mais le légataire particulier n'est pas tenu des dettes et charges, sauf toutefois l'action hypothécaire sur l'immeuble légué. » Cette exemption du légataire particulier, sauf en ce qui touche l'action hypothécaire sur laquelle nous reviendrons plus tard, se justifie également en équité et en droit : elle est conforme à l'intention probable du testateur qui, en faisant une libéralité déterminée, n'a point voulu sans doute que la chose ou la valeur léguée souffrît de diminution ; elle est conforme à ce principe qui n'assujettit au payement des dettes que les successeurs *in universum jus;* car les dettes sont charge de l'universalité des biens, et le légataire particulier ne recueille que des objets considérés isolément. Il en serait de même si le legs particulier avait été fait par préciput à l'un des héritiers légitimes. Toutefois il peut souffrir indirectement des dettes, lorsque les biens de la succession sont insuffisants pour acquitter tous les legs, qui devront alors subir une réduction proportionnelle,

L'art. 871 ne parle que du légataire à titre universel, passant sous silence le légataire universel. Cette omission s'explique historiquement. L'ancien droit ne connaissait que le légataire à titre universel. C'est le Code qui le premier a introduit cette distinction entre le légataire à titre universel et le légataire universel, et il ne l'a fait qu'au titre *des Donations et testaments;* le titre *des Successions* en général, et en particulier les articles de notre section, ont été écrits sous l'empire des anciennes traditions. Cette remarque, du reste, n'a point d'intérêt pratique; car il ne peut être question de contribution pour le légataire universel que lorsqu'il est appelé en concours soit avec d'autres légataires universels, soit avec des héritiers réservataires, et dans ce cas il devient en réalité, en ce qui concerne le payement des dettes, un véritable légataire à titre universel.

L'art. 871 se sert, pour déterminer la contribution

aux dettes des légataires à titre universel, d'une expression un peu différente des termes qu'emploie
l'art. 870 à l'endroit des héritiers légitimes. Tandis
que ceux-ci sont tenus de contribuer aux dettes de la
succession chacun dans la *proportion de ce qu'il y
prend* (art. 870), le légataire à titre universel y contribue au *prorata de son émolument.* On en a conclu
que dans ses rapports avec les héritiers légitimes le
légataire à titre universel n'est tenu de contribuer aux
dettes que dans la limite et jusqu'à concurrence de son
émolument, c'est-à-dire du profit qu'il retire de son
legs, et l'on invoque dans le même sens l'art. 1017.
Ainsi, par exemple, un individu meurt laissant pour
héritiers deux frères et un légataire à titre universel du
tiers de ses biens auquel il a imposé la charge d'un
legs particulier de 10,000 fr. L'actif de sa succession
est de 60,000 fr., le passif de 0,000 fr. Chacun des
deux frères a donc 20,000 fr., c'est-à dire le tiers, et
le légataire à titre universel aussi 20,000 fr. Les créanciers à titre héréditaire pourront bien le forcer à payer
le tiers des dettes (art. 1012) ; mais vis-à-vis des héritiers son émolument n'est que de 10,000 fr. à cause
du legs particulier de la même somme qu'il est chargé
d'acquitter, il n'a en conséquence pour émolument que
le cinquième des biens. Or comme aux termes de
l'art. 871 il ne doit contribuer aux dettes qu'au prorata de son émolument, dans l'espèce il ne doit contribuer aux dettes que pour un cinquième, et s'il a été
forcé par les créanciers de payer davantage, il aura
pour le surplus un recours contre ses cohéritiers

(Toullier, t. 4, n° 520, Troplong, *des Donations et test.*, t. 4, n° 1858).

Remarquons d'abord que quelle que soit la fraction des dettes à laquelle le légataire à titre universel doit contribuer, le tiers ou le cinquième, il en est tenu même *ultra vires emolumenti*, et non point seulement dans la limite des biens qu'il recueille. La loi ne dit pas jusqu'à concurrence de son émolument, expression dont elle se sert toujours quand elle a voulu restreindre l'obligation aux dettes dans les limites de certains biens, comme on peut le voir dans les art. 802, 1017-2° et 1475 ; elle dit simplement : au *prorata* de son émolument. Or qu'est-ce que contribuer au prorata de son émolument, sinon y contribuer pour une part correspondant proportionnellement à l'émolument recueilli ? Le rapprochement du premier et du second alinéa de l'art. 1017 fournit la preuve décisive du sens tout différent que la loi attache à ces deux expressions.

La question se réduit donc à savoir si le mot *émolument* de l'art. 871 a une autre portée que les expressions de l'art. 870 : *dans la proportion de ce que chaque héritier prend dans la succession*. Pour mon compte, je ne saurais l'admettre. L'émolument, dans la pensée du législateur, c'est ce que le légataire recueille à titre universel, dans notre espèce le tiers de la succession. Le légataire devra payer le tiers des dettes sans exercer de recours contre ses cohéritiers et tout en acquittant le legs particulier mis à sa charge, de même qu'un héritier, à qui la même charge serait imposée, devrait néanmoins contribuer aux dettes dans.la proportion de sa part héréditaire, bien qu'il prenne en réalité dans la succession une part moindre que ses cohéritiers. (V. *supra.* p. 146.) Si l'art. 871 laissait quelques doutes, les mêmes d'ailleurs que soulèverait l'art. 870 et qui n'arrêtent personne, ils seraient levés par les art. 1009-1012 qui déclarent que les légataires à titre universel sont tenus personnellement pour leur part et portion des dettes et charges de la succession, et rétablissent le principe que tous ceux qui recueillent l'universalité des biens ou une quote-part de cette universalité sont mis *loco heredum.* Où donc trouver la raison de cette différence que l'on voudrait introduire ici entre les héritiers légitimes et les héritiers institués ? Et si nous corrigeons les inexactitudes de l'art. 870 à l'aide de l'art. 873, les art. 1009 et 1012 ne doivent-ils pas aussi nous donner le véritable sens de l'art. 871 ? Ces circuits d'actions, ces recours qu'entraînerait la doctrine que nous repoussons, nous les retrouverons ailleurs, et nous verrons qu'ils ne peuvent pas davantage se concilier avec la simplicité pratique et les principes rationnels dont le Code a fait le fondement de cette matière.

« Ces mots, dit le président Nicias-Gaillard, *au prorata de son émolument*, dans l'art. 871, veulent seulement dire que le légataire à titre universel a dans les dettes et charges de la succession une part proportionnelle à celle qu'il a dans les biens et droits de la succession, absolument comme les héritiers légitimes, de qui la loi vient de dire, dans l'art. 870, qu'ils contribuent au payement des dettes et charges de la succession, chacun dans la proportion de ce qu'il y prend; mais si c'est là la mesure de l'obligation des uns et des autres, quant à la quote-part dont ils sont débiteurs, ce n'est nullement, pas plus pour les uns que pour les autres, la détermination de la nature et des limites de cette obligation, quant à savoir sur quels biens et jusqu'à quelle concurrence de quels biens ils sont tenus. » (Nicias-Gaillard, *Revue crit. de jurisprud.*, 1852; Demolombe, *des Success.*, t. 5, n° 33.)

Nous appliquons, sans hésiter, cette doctrine au cas où le legs à titre universel serait d'une certaine espèce de biens, tous les meubles ou tous les immeubles, ou une quote-part de tous les immeubles ou de tous les meubles. Le légataire contribuera aux dettes dans la proportion de sa part héréditaire, sauf à déterminer cette part par une ventilation, comme on le décidait dans l'ancien droit pour les héritiers qui ne succédaient qu'à une certaine espèce de biens, et qui n'en étaient pas moins tenus des dettes de la succession dans la proportion de la quotité héréditaire qu'ils recueillaient. En effet, ces sortes de legs sont aussi considérés par la loi comme des legs à titre universel, art. 1010, et l'art. 871 ne distingue pas; d'ailleurs, ils emportent une quote-part de l'universalité héréditaire, et quiconque en emporte une fraction est *loco heredis.*

Parmi les contribuables se présente encore l'usufruitier universel ou à titre universel, du moins quant aux arrérages des rentes et aux intérêts des dettes dues

par la succession, art. 610-612. Il résulte de la définition et de la nature du legs universel, il résulte de
l'énumération des legs à titre universel faite limitati-
vement par l'art. 1010, que le legs en usufruit, soit
qu'il porte sur la totalité des biens, soit qu'il porte sur
une fraction des biens, sur tous les immeubles ou tout
le mobilier, sur une fraction de tous les immeubles ou
de tout le mobilier, n'est jamais qu'un legs particulier.
Cependant la loi, dans les art. 610 et 612, parle de légataires universels, à titre universel et particuliers de
l'usufruit, et de même que le légataire universel ou à
titre universel de la pleine propriété supporte les dettes
proportionnellement à son émolument, ainsi le légataire universel ou à titre universel de l'usufruit devra
supporter les intérêts des dettes ou les arrérages des
rentes dues par la succession proportionnellement à la
quotité héréditaire, dont il a la jouissance. Il en est
de même des pensions alimentaires que le défunt a pu
léguer, art. 610.

Pour déterminer la part des dettes aux intérêts des-
quelles l'usufruitier doit contribuer, la loi veut, art.
612, que l'on procède à l'estimation de la valeur du
fonds sujet à l'usufruit. Il est clair cependant que cette
estimation ne sera pas nécessaire quand l'usufruit
porte sur l'universalité des biens ou sur une fraction
de cette universalité; mais elle devient, au contraire,
indispensable quand il porte sur tous les meubles, tous
les immeubles, une fraction de tous les meubles ou de
tous les immeubles. Bien plus, ce n'est pas seulement
le fonds sujet à l'usufruit qu'il faut estimer, comme

dit l'art. 612, si l'usufruit portait sur un seul fonds, ce serait alors un usufruit particulier ; ce ne sont pas même seulement les biens sujets à l'usufruit ; ce sont tous les autres biens, car ce n'est que par la comparaison de leur valeur respective qu'on peut fixer la part pour laquelle l'usufruitier doit contribuer aux dettes. Le capital de ces mêmes dettes reste à la charge des successeurs universels ou à titre universel de la propriété ; mais comment le payement sera-t-il effectué ? Qui sera tenu de faire l'avance, l'usufruitier ou le nu-propriétaire ? Si personne n'y consent, comment fera-t-on ? La loi à cet égard indique trois procédés :

1° Si l'usufruitier paye de ses deniers, le capital lui est restitué par le propriétaire à la fin de l'usufruit sans aucun intérêt.

2° Le propriétaire peut faire l'avance lui-même, et alors l'usufruitier lui tient compte des intérêts du capital déboursé pendant toute la durée de l'usufruit.

3° Le propriétaire peut exiger qu'on vende, pour l'acquittement des dettes auxquelles ils doivent l'un et l'autre contribuer, une portion des biens sujets à l'usufruit. L'usufruitier perd alors la jouissance, le nu-propriétaire la nue-propriété des biens qu'on a vendus, et de quelque manière que l'on procède, le résultat est toujours le même.

Le légataire particulier d'un droit d'usufruit, conformément aux principes généraux, conserve son legs franc et quitte des dettes et charges de la succession ; il peut bien être soumis à l'action hypothécaire, si l'immeuble dont on lui a légué l'usufruit avait été grevé d'un droit réel par le testateur, mais il peut recourir alors contre le nu-propriétaire de l'immeuble hypothéqué ou contre le débiteur de la dette acquittée, lors même que ce débiteur ne serait pas en même temps le nu-propriétaire. L'art. 611 ajoute : sauf ce qui sera dit à l'art. 1020. Le sens de ce renvoi est tout simplement que le testateur peut imposer à ses autres héritiers l'obligation de payer le créancier hypothécaire avant de délivrer l'immeuble légué à l'usufruitier, pour ne pas exposer ce dernier à payer une dette qui ne doit pas rester à sa charge.

Aucun texte ne s'occupe en particulier du successeur irrégulier. Mais en ce qui concerne la contribution aux dettes, l'application des principes généraux ne souffre pas de difficultés ; il recueille une quote-part de l'universalité héréditaire, il doit supporter une part proportionnelle dans les dettes. Seulement, si l'on admet qu'il doive être considéré *ipso jure* comme un héritier bénéficiaire, à l'instar de l'héritier bénéficiaire lui-même, il ne sera tenu de cette part contributoire que jusqu'à concurrence des biens qu'il aura recueillis.

ARTICLE II.

Droit de poursuite.

La part contributoire de chaque successible dans les dettes de la succession a été déterminée dans l'article précédent; c'est des relations des contribuables avec les créanciers héréditaires qu'il faut parler maintenant, en d'autres termes de la mesure dans laquelle chacun des différents successeurs est tenu de répondre à la poursuite des créanciers. Lorsqu'il n'y a que des héritiers *ab intestat*, le droit de poursuite a pour mesure la contribution aux dettes ; on est unanime pour décider que la dette se divise entre tous les héritiers proportionnellement à leur part héréditaire. C'était le principe du droit romain, et il est expressément consacré par l'art. 1220 : « La divisibilité (de la dette) n'a d'application qu'à l'égard de leurs héritiers qui ne sont tenus de la payer que pour les parts......, dont ils sont tenus comme représentant le débiteur. » Il n'est pas besoin de rappeler que chaque héritier est tenu même *ultra vires successionis* de la portion de la dette qui est mise à sa charge, s'il n'a pas pris la précaution d'accepter sous bénéfice d'inventaire. Mais chacune de ces fractions de la dette primitive devient une dette nouvelle et indépendante, et l'héritier qui a payé sa part proportionnelle, lors même qu'il lui reste entre les mains des valeurs héréditaires, ne saurait être inquiété à raison de celle que son cohéritier insolvable n'aurait pas acquittée.

Cette règle de la division des dettes entre les héritiers *ab intestat* proportionnellement à leur part héréditaire, s'applique, soit que les héritiers succèdent par portions égales comme par exemple deux enfants héritiers de leur père, (art. 745), soit qu'ils soient appelés à des portions inégales, ainsi le père et le frère du défunt dont l'un succède pour un quart et l'autre pour les trois quarts, (art. 748-750). Il semble cependant que

l'on devrait arriver à une solution différente si l'on prenait à la lettre l'art. 873. Voici comment il s'exprime :
« Les héritiers sont tenus des dettes et charges de la
succession, personnellement pour leur part et portion
virile et hypothécairement pour le tout, sauf leur recours, soit contre les héritiers, soit contre les légataires universels, à raison de la part pour laquelle ils
doivent contribuer. » Or la portion virile est très-diffé-
rente de la portion héréditaire. La portion virile se
détermine par tête, *pro numero virorum;* la portion
héréditaire est déterminée par la quotité que chacun
recueille dans la succession. Si dans l'hypothèse où
les héritiers succèdent par portions égales, la part
virile et la part héréditaire se confondent, elles sont
au contraire très-distinctes dans le cas où, par exemple, l'un des héritiers recueille le quart, et l'autre les
trois quarts de la succession. Faut-il donc, à raison
de l'opposition manifeste qui résulte du rapprochement des art. 870 et 873, établir une distinction entre
la contribution et le droit de poursuite, et décider que
malgré l'inégalité des portions héréditaires qu'ils recueillent, les héritiers sont toujours tenus des dettes
par portions viriles, c'est-à-dire par portions égales?
Personne ne l'a jamais pensé, et tout le monde s'accorde à reconnaître que les expressions inexactes de
l'art. 873 doivent être corrigées à l'aide de l'art. 1220.
Nous avons vu que dans l'ancien droit les héritiers
qui succédaient à différentes espèces de biens pouvaient être poursuivis par portions viriles, lors même
que leurs parts héréditaires étaient inégales; cette

règle avait été introduite pour que les créanciers n'eussent pas à souffrir des lenteurs d'une ventilation. Mais elle cessait d'être admise lorsque tous les héritiers étant héritiers aux mêmes biens, et la part que chacun d'eux a dans les biens étant certaine, la part que chacun d'eux doit porter dans les dettes l'est aussi (Poth., *des Success.*, ch. V, art. 3, § 2). Ce qui était l'exception à cette époque est devenu la règle aujourd'hui ; tous les héritiers succèdent à tous les biens, et cette distinction a perdu sa raison d'être. L'art. 873 n'est donc qu'une malheureuse réminiscence de l'ancien droit ; et comme en présence de l'art. 1220, il est impossible d'en faire une règle générale, il faut donc restreindre son application aux cas très-rares dans notre droit où la loi recherche encore l'origine des biens. On pourrait dire peut-être que les rédacteurs du Code ont considéré les mots *part virile* comme synonymes de ceux-ci : *part héréditaire*. Telle est, en effet, l'opinion de M. Demolombe (*des Success.*, tome 5, n° 24), et le savant jurisconsulte cite à l'appui de cette thèse plusieurs précédents même législatifs, entre autres l'art. 8 de la loi du 8 janvier 1790 et l'instruction officielle qui l'accompagnait, où la même confusion avait été commise, et il est remarquable que l'art. 1475 du Code Napoléon a manifestement employé ces deux mots comme synonymes.

Quoi qu'il en soit, il est incontestable et incontesté que les héritiers *ab intestat*, appelés à des portions égales ou inégales de la succession, sont tenus des dettes proportionnellement à leur part héréditaire, de quelque manière qu'ils succèdent de leur chef ou par représentation, de quelque manière que le partage se fasse par tête ou par souche; la représentation elle-même n'est pas individuelle.

Jusqu'ici nous n'avons pas rencontré de difficultés, et les explications de l'art. 873 que nous venons de donner sont admises par tout le monde. Il n'en est pas de même, loin de là, quand il s'agit de déterminer le droit de poursuite des créanciers vis-à-vis des légataires ou des successeurs irréguliers. Lorsqu'ils sont seuls appelés à la succession qui vient de s'ouvrir, tout le monde convient que ce droit de poursuite s'exerce contre chacun à proportion de la quotité héréditaire qu'il doit recueillir; il n'y a de controverse que sur le point de savoir s'ils sont tenus même *ultra vires emolumenti*, controverse que nous avons examinee et résolue déjà. Mais que faut-il décider lorsque les légataires universels ou à titre universels sont en concours avec des héritiers légitimes? Sans doute, les créanciers peuvent bien poursuivre personnellement les légataires à titre universel, cela est incontestable, les art. 1009 et 1012 sont formels.

Nous pensons toutefois que cette poursuite ne peut être dirigée contre eux qu'après qu'ils ont demandé et obtenu la délivrance de leur legs qui équivaut pour eux à la saisine. Ce n'est qu'à partir de cette délivrance que les actions actives et passives passent sur leur tête, et s'ils ne peuvent poursuivre les débiteurs héréditaires avant d'avoir obtenu la délivrance, il faut en conclure que jusque-là ils sont, eux aussi, à l'abri des poursuites des créanciers. Mais si ces créanciers de la succession peuvent diriger contre eux une action personnelle, le doivent-ils, ou bien n'est-ce qu'une simple faculté qu'ils peuvent laisser de côté pour s'adresser uniquement aux héritiers légitimes? La question se soulève, soit à l'égard du légataire universel en concours avec des héritiers légitimes, soit à l'égard du légataire universel en concours avec un héritier réservataire auquel il est obligé de demander la délivrance de son legs (art. 1006), et elle présente un grand intérêt quand le légataire est insolvable. Qui supportera cette insolvabilité? Les actions se divisent-elles entre le légataire et l'héritier, qui seul a la saisine légale, ou bien continuent-elles même après la délivrance, à résider exclusivement sur la tête de l'héritier, de manière que les créanciers peuvent le poursuivre seul pour la totalité des dettes, sauf son recours contre le légataire?

Une opinion qui compte de nombreux et considérables partisans enseigne l'affirmative. On argumente principalement de cette idée que les héritiers légitimes représentent seuls le défunt, tandis que les légataires ne sont que de simples successeurs aux biens. Rigoureusement donc les légataires devraient seulement contribuer aux dettes, en vertu du principe : *Bona non intelliguntur nisi deducto ære alieno*, sans être astreints de répondre à la poursuite des créanciers qui ne connaissent que le défunt ou ses représentants, les héritiers. C'est bien là ce que l'art. 1220 veut dire, quand il indique que les héritiers sont obligés de payer la detto pour la part dont ils sont tenus comme représentant la personne. Telle était d'ailleurs la décision unanimement acceptée de l'ancien droit : « Quoiqu'il y ait des donataires universels ou des légataires universels, l'héritier ne laisse pas d'être tenu des dettes pour le total s'il est héritier unique, ou pour la portion dont il est héritier par partie, sauf son recours contre les donataires et légataires universels pour ce qu'ils en doivent porter. » (Pothier, *Des Success.*, chap. 5, art. 3, § 1.) L'art. 873 n'est-il p..s la reproduction presque textuelle de ce texte? ne parle-t-il pas aussi du recours de l'héritier qui a payé plus que sa part contre le légataire universel, et apparemment dans le même sens? Pourquoi s'écarter de l'ancienne doctrine, alors que les rédacteurs du Code, par leurs expressions, semblent l'avoir adoptée? N'est-ce pas d'ailleurs exagérer le principe de la division des dettes au détriment des créanciers, et sans grand avantage pour les héritiers qui peuvent toujours, au moment où ils délivrent les legs aux légataires, perdre des garanties contre leur insolvabilité future? Enfin les créanciers connaissent toujours les héritiers du sang, les légataires leur sont le plus souvent inconnus; comment feront-ils pour s'adresser à ce légataire qu'ils ignorent? Si le legs est d'une quote-part des meubles et des immeubles, comment découvrir la part et portion de chacun? Faut-il qu'ils attendent l'estimation des biens de la succession pour exercer leur action? Ainsi ce système, qui s'appuie sur des traditions historiques dont il ne paraît pas que le Code ait voulu s'écarter, se trouve encore le plus conforme à la raison et à l'équité (Marcadé, art. 873 ; Caqueray, *loc. suprà citat.* ; Colmet de Santerre, 4, n° 152 et suiv. ; Zachariæ, Aubry et Rau, 5, p. 350 ; Bugnet sur Pothier, etc...)

Cette opinion n'est point la nôtre, et les principes que nous avons établis pour démontrer que le légataire universel ou à titre universel est tenu des dettes *ultra vires emolumenti*, s'il n'a pas accepté sous bénéfice d'inventaire, nous conduisent nécessairement à une solution opposée. Nous ne reviendrons pas sur l'examen approfondi que nous avons fait de cette question au chap. 1, art. 2, de cette thèse ; nous y avons réfuté déjà cette objection qui consiste à dire que les héritiers sont seuls représentants du défunt. En effet, l'art. 1000, comparé à l'art. 873, nous montre que le légataire universel ou à titre universel est tenu des dettes personnellement pour sa part et portion et hypothécairement pour le tout, absolument de la même manière que les héritiers ; nous en avons conclu qu'il est tenu *ultra vires*, s'il accepte purement et simplement ; et s'il est tenu *ultra vires*, c'est qu'il représente le défunt pour sa part et portion. Dès lors les héritiers ne sauraient le représenter pour le tout, et leur obligation aux dettes se trouve réduite à leur part et portion.

« Si l'on s'obstinait à dire, ajoute Toullier, t. 4, n° 522, que les héritiers représentant seuls la personne du défunt, sont comme lui tenus personnellement de toutes les dettes, nous répondrions que cette objection ne consiste que dans l'abus des mots, et qu'elle dégénère en cercle vicieux. Celui sur la tête duquel reposent les actions actives et passives du défunt re-présente sa personne dans le sens des jurisconsultes. Or il est prouvé, par des textes positifs, que les ac-tions actives et passives reposent sur la tête des léga-taires universels ou à titre universel pour leur part et portion : donc ils réprésentent le défunt pour cette part et portion, de même que les héritiers pour la leur. »

Il n'est pas vrai d'ailleurs que le Code Napoléon ait reproduit servilement les textes ni, par conséquent, la doctrine de l'ancien droit. Sans revenir ici sur ce que nous avons montré ailleurs, à savoir que l'art. 1009 donnait contre les légataires une action personnelle, non pas, comme jadis, imparfaite, *ob rem*, mais sans restriction aucune et illimitée de même que contre les héritiers eux-mêmes, le simple rapprochement de l'art. 873 et du texte de Pothier qu'on nous oppose fait bien voir les différences de l'ancien et du nouveau droit. Sans doute l'art. 873 accorde aussi à l'héritier un recours contre le légataire ; mais il le lui accorde aussi dans les mêmes termes et sur la même ligne contre ses cohé-ritiers. Apparemment les héritiers ne peuvent pas être personnellement poursuivis pour la part des dettes dont leurs cohéritiers sont tenus. C'est que ce recours dont il est parlé à la fin de l'art. 873 ne se réfère qu'à ces mots du commencement du même article : hypothé-cairement pour le tout, et s'applique au cas où pour-suivi hypothécairement, l'héritier aurait été forcé de payer toute la dette dont il ne devait personnellement qu'une partie. Si la doctrine des adversaires était fon-dée, il faudrait donc admettre que l'héritier, après la délivrance du legs, peut poursuivre les débiteurs de la succession même pour la part qui doit revenir au légataire ; personne ne le soutient. Cependant si l'héritier représente seul le défunt et pour le tout, sans doute il le représente aussi bien au point de vue actif qu'au point de vue passif, aussi bien au regard des débiteurs que des créanciers.

Les inconvénients pratiques que l'on attribue au système que nous proposons ne nous semblent pas sérieux ; il est faux que d'une manière générale les héritiers du sang soient toujours connus des créanciers, et les légataires toujours inconnus ; ces inconvénients, fussent-ils sérieux, n'ont pas arrêté le législateur dans le cas où le légataire universel ayant la saisine exclut complétement l'héritier légitime. Combien ne sont-ils pas compensés par ces complications, ces circuits d'action et ces recours dont la doctrine opposée embarrasse toute cette matière au grand préjudice de l'héritier légitime qui se trouve exposé sans défense à l'insolvabilité du légataire ; à quel titre en effet réclamerait-il des sûretés, si les créanciers ne se sont pas encore fait connaître au moment de la délivrance, et comment refuserait-il de délivrer au légataire ce qui lui est dû ? Ce sont là des stipulations, des complications du genre de celles que Papinien jadis déclarait captieuses, et que Justinien abrogeait pour ce motif, que Guy-Coquille dans notre ancien droit déclarait sophistiques, et je ne puis pas croire que le Code ait voulu perpétuer un système incompatible avec les principes rationnels et la simplicité pratique qu'il a si heureusement combinés. (Toullier, *loc. cit.*; Demol., 5, n° 38 ; Chabot, 873, etc.)

J'applique la même doctrine aux successeurs irréguliers, bien qu'à leur égard un peu d'hésitation soit permise. Le Code est complétement muet à leur égard, aussi bien pour régler leur part contributoire aux dettes que pour déterminer le droit de poursuite des créanciers contre eux. En l'absence de texte positif, il faut s'en rapporter aux principes, et le principe en cette matière c'est que quiconque recueille à titre universel une quote-part ou la totalité de l'universalité de la succession doit être mis *loco heredis*. Il est vrai que la loi leur a refusé le titre d'héritier ; mais ne nous a-t-elle pas avertis elle-même de nous en tenir au fond des choses, et non aux vaines apparences des noms ? Il me semble résulter de ces idées que le successeur irrégulier peut et doit être poursuivi directement par les créanciers proportionnellement à la part qu'il prend à la succession, et sans que l'on puisse imposer à l'héritier l'obligation souvent onéreuse de répondre de cette part de dettes qu'il ne doit pas supporter. Toutefois ce droit de poursuite, cette action personnelle a pour limite l'émolument recueilli, si l'on admet que le successeur irrégulier n'est jamais tenu qu'*intra vires successionis*, par une sorte de bénéfice d'inventaire légal. Nous examinerons plus tard l'influence du bénéfice d'inventaire sur le payement et sur la division des dettes.

Au point où nous en sommes arrivés, nous pouvons constater que l'ancienne et célèbre distinction entre la contribution aux dettes et le droit de poursuite n'a plus dans notre droit moderne l'importance qu'elle avait jadis. Les textes en portent encore la trace, et c'est ce qui nous a fait suivre cette méthode ; mais au fond elle a presque disparu. La raison en est simple : les principes qui l'avaient fait admettre ne sont plus ceux du législateur. Si les créanciers pouvaient jadis poursuivre les héritiers pour la part virile et les héritiers seuls à l'exclusion des légataires, c'est que pour déterminer la part héréditaire de chacun la loi prenait en considération la nature et l'origine des biens, c'est que les héritiers seuls représentaient le défunt. De nos jours tous les biens confondus ne forment qu'une seule et unique masse, à laquelle tous les héritiers succèdent indistinctement ; de nos jours quiconque recueille à titre universel une fraction de l'hérédité, est mis *loco heredis*. Cette distinction n'a plus d'objet ; elle a perdu sa raison d'être. Toutefois dans les cas exceptionnels où la loi s'occupe encore de l'origine des biens, dans les cas où d'une manière plus générale la portion des dettes qui revient à chacun ne peut être connu que par une estimation comparative, que faudrait-il décider ? La question se soulève à l'occasion du retour successoral organisé par les art. 747, 351 et 766, ou bien quand le testateur a fait un legs à titre universel de tous les meubles ou de tous les immeubles, d'une fraction de tous les meubles ou de tous les immeubles. Occupons-nous de la première hypothèse.

On a dit que les successeurs anomaux n'étant que des successeurs *in re singulari*, ne pouvaient pas être personnellement poursuivis ; qu'ils devaient seulement contribuer aux dettes, et que le réglement de la part contributoire s'opérait lors du partage par voie de distraction. D'autres ont enseigné qu'ils pouvaient bien être poursuivis, mais seulement après le règlement et dans les limites de leur part contributoire.

L'opinion la plus répandue consiste à appliquer ici à la lettre l'art. 873, et à dire qu'avant le règlement des parts contributoires, les créanciers pourront poursuivre les successeurs pour leur part virile, et après le règlement pour leur part héréditaire. C'est cette opinion qui nous paraît préférable. L'autorité de l'ancien droit, encore confirmée par l'art. 873, est d'autant plus puissante que nous nous trouvons par exception dans la situation qui faisait jadis le droit commun : il fallait procéder à une liquidation pour déterminer la part héréditaire de chacun, et dans l'impossibilité de retarder la poursuite des créanciers jusqu'à l'accomplissement d'une formalité aussi longue, on leur permettait d'actionner tous les successeurs indistinctement pour leur part virile, sauf à rétablir la proportionnalité par des recours ultérieurs. Cette raison subsiste encore avec toute sa force dans l'hypothèse spéciale où nous nous plaçons ; il convient de lui appliquer la même règle, car en présence de l'art. 352, il est impossible de ne voir dans le retour successoral qu'une succession *in re singulari*. Cette solution pourra peut-être entraîner des conséquences rigoureuses pour l'ascendant donateur ou le successeur dont il est parlé dans les art. 351 et 766. Mais il leur sera toujours possible de presser la liquidation ou même d'obtenir un délai du tribunal, art. 1244, et nous persistons à penser que les créanciers pourront jusque-là les poursuivre pour leur part virile, soit du jour de la mort s'ils ont la saisine légale, soit du jour de l'envoi en possession s'ils sont obligés de le demander à la justice.

Nous appliquons par la même raison la même doctrine aux légataires à titre universel de tous les immeubles ou de tous les meubles, ou d'une quote-part des meubles ou des immeubles. Les art. 1009 et 1012, qui ne distinguent pas entre les différents legs à titre universel, indiquent bien qu'ils seront soumis à l'action personnelle, et tant que la liquidation n'a pas déterminé leur part héréditaire, les créanciers doivent pouvoir s'adresser à eux pour leur part virile.

ARTICLE III.

Conséquences et exceptions du principe de la division des dettes.

Telles sont donc les règles qui déterminent les relations des différents successeurs entre eux, c'est-à-dire la contribution aux dettes, et les relations des contribuables vis-à-vis des créanciers héréditaires, c'est-à-dire le droit de poursuite. Tel est, en un mot, à ce double point de vue, le principe de la division des dettes. C'est le partage du passif héréditaire opéré par la loi elle-même, tandis que le partage de l'actif exige une opération de l'homme. Il est facile dès lors d'apercevoir les nombreuses et importantes conséquences de ce principe aussi bien pour les héritiers du défunt que pour le créancier lui-même, et les modifications que la division de la dette unique à l'origine et maintenant fractionnée en autant de dettes distinctes qu'il y a de successeurs, va faire subir à son droit. Examinons rapidement les plus importantes de ces conséquences.

1° Chacun des héritiers peut se libérer en payant sa part, et chacun d'eux ne peut être poursuivi et par conséquent condamné que pour sa part.

2° L'interpellation faite à l'un des héritiers n'interrompt pas la prescription à l'égard des autres, art. 2249.

3° Les dettes dont l'un des héritiers pourrait être tenu vis-à-vis de la succession, de même que les créances qu'il pourrait avoir contre le défunt, ne s'éteignent par confusion que jusqu'à concurrence de sa part héréditaire, art. 1300.

4° Enfin, et c'est là ce qu'il y a de plus grave, l'insolvabilité de l'un ou plusieurs d'entre eux retombe, non pas sur les autres, mais bien sur le créancier. En effet, chacun des héritiers n'étant tenu personnellement envers les créanciers de la succession que dans la proportion de sa part héréditaire, l'insolvabilité de l'un ou de plusieurs d'entre eux antérieure ou postérieure à l'ouverture de la succession, ne saurait porter atteinte à ce principe, et comme chacun d'eux ne peut être poursuivi au delà de sa part héréditaire, en définitive l'insolvabilité retombera sur le créancier. Ainsi on pourra voir un héritier garder une notable portion des valeurs héréditaires et le créancier ne toucher qu'une part de sa créance, alors qu'au moment où le défunt s'est obligé envers lui, l'universalité de ses biens qui, par son décès, sont devenus les biens de la succession, formait le gage de son créancier. Bien plus, l'art. 1017 donne aux légataires une hypothèque légale sur tous les immeubles de la succession, de sorte que l'héritier détenteur d'un de ces immeubles pourra être poursuivi pour l'intégralité du legs, et il peut se faire que le légataire soit entièrement payé en présence d'un créancier qui ne recevra qu'une partie de ce qui lui est dû.

Il y a donc là pour les créanciers héréditaires un grave danger, contre lequel ils n'ont aucun moyen de défense, puisqu'ils ne pouvaient prévoir la mort de leur débiteur primitif, et qu'on ne saurait leur reprocher de s'être montrés traitables avec lui, et de n'avoir pas exigé de sûreté hypothécaire.

Nous avons vu que certaines de nos coutumes (Introd., p. 92 et suiv.), soucieuses de sauvegarder leurs intérêts, accordait aux créanciers une action solidaire ou hypothécaire du jour de l'ouverture de la succession; mais il est certain que ces coutumes ne formaient pas le droit commun, et que Pothier qualifiait sévèrement leur décision. Le Code a consacré sur ce point l'opinion universellement admise dans notre ancienne jurisprudence, qui était celle de Pothier. On a cependant essayé de soutenir, en se fondant sur l'art. 873, que les immeubles héréditaires sont grevés d'une hypothèque légale qui les atteindrait lors de l'ouverture de la succession, pour la garantie du payement des dettes. Telle

était, en effet, la jurisprudence normande, et la Cour
de cassation semble bien avoir admis cette doctrine,
lorsqu'elle a jugé qu'il résulte de la possession des immeubles de la succession une sorte de solidarité ou
indivisibilité hypothécaire, Rej. 9 janv. 1827. Néanmoins, en dépit de cette décision isolée, contredite
d'ailleurs par d'autres arrêts de la même Cour (Cassat.
20 juin 1820, 5 juill. 1831, 15 juill. 1834), cette interprétation de l'art. 873 ne saurait se soutenir si l'on
rapproche ce texte des articles des coutumes de Paris
et d'Orléans auxquels il a été emprunté, et où il s'agissait uniquement d'une dette hypothécaire du chef du
défunt. Il résulte non moins évidemment des articles
de notre Code qui précèdent ou suivent celui-ci, il résulte des travaux préparatoires que le législateur a
voulu seulement, en regard de l'obligation simple et
purement personnelle, mettre celle qui était garantie
par une hypothèque contre le défunt lui-même. C'est
aussi ce que nous enseigne Pothier, lorsqu'il nous dit
que si un héritier peut être poursuivi hypothécairement, ce n'est pas par tous les créanciers de la succession et à raison de la possession de tout immeuble de
cette succession, mais seulement par les créanciers hypothécaires de la succession ayant l'action hypothécaire contre l'héritier qui possède quelque immeuble
de la succession sujet à leur hypothèque. Pothier, *des
Success.*, ch. 5, art. 4; Marcadé, sur l'art. 873-4° *bis.*

Cette thèse a été récemment reproduite, quoique un
peu différemment, par M. Lafontaine, conseiller à la
Cour impériale d'Orléans, qui, se fondant sur le droit

de gage que les art. 2092-2093 donnent aux créanciers *sur tous les biens* de leur débiteur, a écrit que les créanciers héréditaires peuvent poursuivre chacun des héritiers pour le tout sur les biens de la succession, soit avant, soit après le partage, sans même avoir besoin de demander la séparation des patrimoines, et que l'action exercée en vertu des art. 2092-2093 est une action réelle (*Rev. crit.*, t. 15, p. 334). Une pareille thèse se réfute d'elle-même; Pothier y avait répondu d'avance quand il disait que l'universalité des biens est bien chargée du total des dettes, mais que les portions de cette universalité ne sont chargées que d'une portion pareille de dettes. En ce qui touche les art. 2092 et 2093, Zachariæ résume les vrais principes ainsi qu'il suit : « Le droit de gage ne frappe le patrimoine que par l'intermédiaire de la personne, n'engendre aucun droit de suite et ne produit aucune action réelle. Il ne peut être exercé qu'au moyen de l'action personnelle, et dans les limites de cette action personnelle. »

Il n'y a pas davantage d'action solidaire, et la raison en est simple. Celui qui ne recueille qu'une fraction de l'universalité héréditaire ne représente le défunt que pour cette fraction; il ne saurait donc être tenu de l'obligation personnelle de payer ses dettes qu'au prorata de cette fraction. Quelques coutumes, il est vrai, accordaient au créancier une action solidaire (voy. Int., p. 02); mais nous avons entendu Pothier déclarer qu'il y avait quelques coutumes assez *déraisonnables* pour obliger tous les héritiers solidairement aux dettes du défunt, comme si plusieurs pouvaient succéder *in solidum* aux droits d'une personne. (*Des succes.,* ch. 5, art. 3, § 2). L'opinion de Pothier, alors comme aujourd'hui, formait le droit commun.

Les créanciers seront-ils donc dépourvus de tout moyen d'obvier à ces dangers? Nous renvoyons au ch. V ce que nous aurons à dire de la séparation des patrimoines. Qu'il nous suffise de rappeler ici que les créanciers auront toujours la ressource d'intervenir au partage pour empêcher qu'il ne soit fait au préjudice de leurs droits, ou même si leurs créances sont certaines, liquides et exigibles, en ce qui concerne les meubles qui pourraient être si facilement soustraits ou confondus, de requérir l'apposition des scellés ou d'y former opposition et même d'exercer des saisies (art. 820, 821, 826). Si les créances n'étaient pas certaines, liquides et exigibles, Toullier enseigne que les héritiers pourront écarter l'opposition et empêcher l'apposition des scellés, en donnant aux créanciers une sûreté suffisante, telle qu'une caution ou une hypothèque sur leurs biens propres (t. 2, n.   440).

Mais peut-on dire en thèse générale que les créanciers du défunt peuvent toujours saisir avant le partage tous les biens de la succession, en dirigeant leurs poursuites contre tous les héritiers? Nous serions assez porté à proposer l'affirmative; c'était bien l'opinion de Pothier, quand il disait que le créancier peut ne pas souffrir de la division des dettes, en arrêtant les biens de la succession avant le partage, ou en veillant à se faire payer (*Des obligat.,* n. 310); et ne

peut-on pas ajouter que tant que dure l'indivision, tous
les héritiers ensemble représentent complétement la
personne du défunt, et avec un vieux jurisconsulte que
c'est l'héréditéelle-même, le corps de l'hérédité qui doit?
On pourrait objecter néanmoins que la division des dettes
a lieu de plein droit entre les héritiers à l'encontre des
créanciers du défunt, et que ceux-ci ne peuvent pas
toujours et indistinctement s'opposer au partage.

Toutefois nous admettons sans hésitation la solution
proposée dans le cas où un héritier donataire en avan-
cement d'hoirie qui a dissipé d'avance les biens donnés, accepte pour faire un rapport en moins prenant,
de sorte que le créancier n'aura pas de gage pour
le payement de la portion de la dette mise à
la charge de cet héritier, tandis que l'autre héritier
conserverait l'intégralité du patrimoine, tout en n'é-
tant tenu que de sa portion héréditaire dans la dette.
Le résultat serait le même au cas d'acceptation bénéficiaire de la part de l'héritier qui doit le rapport. Cette
hypothèse, prévue par Dumoulin et par Pothier (*loc.
citat.*) a donné lieu à de nombreux systèmes. Il faut
bien reconnaître, en effet, que l'héritier non donataire,
quoique recueillant tous les biens qui se trouvent en
réalité dans le patrimoine du *de cujus* ne peut être
poursuivi au delà de sa part héréditaire; car l'héritier
soumis au rapport a recueilli virtuellement sa part
dans les biens prélevés, puisqu'il les emploie au payement de sa dette. Le patrimoine a donc été recueilli
par deux héritiers, et ils ne sont l'un et l'autre tenus
que proportionnellement à leur part héréditaire.

Mais tant que dure l'indivision, avant le partage, on peut admettre que les créanciers ont le droit de se faire payer pour le tout sur les biens de la succession.

En qualité de créanciers du défunt ils peuvent demander la séparation des patrimoines contre les créanciers de chacun des cohéritiers ; or le cohéritier auquel est dû le rapport est créancier du cohéritier qui le doit ; les créanciers du défunt, peuvent donc demander contre lui la séparation des patrimoines et l'exclure ainsi des biens de la succession. Ce moyen cesse après le partage, car l'héritier créancier du rapport a été payé au moyen de ces prélèvements, et la séparation des patrimoines n'autorise pas la répétition de ce qui a été payé par l'héritier à ses créanciers. Ajoutons dans le même sens que le rapport restant toujours pour les créanciers du défunt *res inter alios acta*, il est bien juste qu'il ne puisse pas leur être préjudiable, puisqu'il ne doit jamais tourner à leur profit.

Ces inconvénients ne se présentent pas lorsque le créancier peut actionner pour le tout un seul des cohéritiers. Nous ne voulons pas parler ici du cas où il a une action hypothécaire ; l'examen de cette importante matière forme, ainsi que nous l'avons annoncé, l'objet du chapitre suivant. Mais lors même que le créancier n'est qu'un créancier chirographaire, il peut arriver qu'il ait le droit de poursuivre pour le tout un seul des cohéritiers, bien que celui-ci ne doive en définitive contribuer à la dette que dans la proportion de sa part héréditaire. Il en est ainsi :

1° Lorsque la dette est indivisible (art. 1217, 1218);

2° Lorsque la dette est d'un corps certain placé dans le lot d'un des cohéritiers (art. 1221).

3° Lorsque le *de cujus* est convenu avec son créancier que la dette serait acquittée par un seul de ses héritiers, ou bien si cette convention était intervenue entre les héritiers eux-mêmes, art. 1106; ou bien encore si le défunt, dans son testament, l'avait mise à la charge exclusive d'un seul héritier, avec ou sans recours, ce qui est possible, puisque le Code permet de léguer la quotité disponible à un héritier.

Dans tous les cas, l'héritier qui a payé au delà de sa part a un recours, une action de gestion d'affaires à exercer contre ses cohéritiers. Ce recours n'est autre chose qu'une action en garantie, car la nécessité où il est de payer plus que sa part héréditaire équivaut à une éviction, et cette action en garantie est protégée par un privilége sur tous les immeubles de la succession (art. 2103 et 2109).

Au nombre des exceptions au principe de la division des dettes. il ne faut pas faire figurer le cas où la succession a été acceptée sous bénéfice d'inventaire. On a cependant essayé de le soutenir, en se fondant sur ce que l'acceptation bénéficaire faisant obstacle à la confusion des patrimoines, devait aussi s'opposer à la division de la dette. Telle était, dans l'ancien droit, l'opinion de Lebrun (*Success.* liv. 3, ch. 4, n° 05), et elle a été reproduite par quelques auteurs et par quelques arrêts. Voici comment on a raisonné : Il ne faut pas perdre de vue, dit un avis du conseil d'État

du 13 novembre 1809, la qualité de l'héritier bénéficiaire : il n'est qu'un administrateur comptable. En
effet, aux termes de l'art. 803, l'héritier bénéficiaire
est chargé d'administrer les biens de la succession, et
doit rendre compte de son administration aux créanciers et aux légataires. Dès lors il n'a droit qu'au ré-
sidu des biens, les legs et les dettes étant préalablement défalqués. Les biens du défunt forment désormais le gage indivisible des créanciers ; à leur égard,
l'héritier n'est plus représentant du défunt ni personnellement débiteur, c'est pourquoi il ne peut pas être poursuivi sur ses propres biens ; mais il ne peut pas davantage retenir une portion quelconque des biens héréditaires, tant que les créanciers ne sont pas intégralement
payés : il y a là une situation indivisible. L'héritier, en
n'acceptant que sous bénéfice d'inventaire, décline les
conséquences de la transmission héréditaire qui por-
teraient contre lui ; il ne peut pas se prévaloir de celles
qui lui seraient avantageuses, sans reprendre la qualité d'héritier pur et simple. C'est dans ce sens qu'un
arrêt de la Cour de Paris, du 25 août 1810, a jugé
que l'héritier bénéficiaire est un administrateur comptable, et qu'il ne peut retenir aucuns biens quelcon-
ques de la succession qu'après l'épuisement des dettes.

Cette opinion, néanmoins, ne nous paraît pas admissible. Le principe de la division des dettes est posé
de la manière la plus absolue par les art. 873 et 1220,
et aucun texte n'établit, à l'égard de l'héritier bénéficiaire, d'exception au principe qu'ils consacrent
(Cassat., 22 juillet 1812). On soutiendrait vainement

que l'art. 873 ne lui est pas applicable, parce que le
mot *personnellement*, s'y trouve, et qu'il n'est pas
obligé personnellement. Il est évident qu'il est toujours héritier, par conséquent représentant du défunt,
et comme tel sous l'application de l'art. 1220. « Du
reste, disait Merlin dans les conclusions sur lesquelles
a été rendu l'arrêt du 22 juillet 1812, il est héritier
ni plus ni moins que s'il avait accepté la succession
purement et simplement, et par conséquent il ne peut,
comme l'héritier pur et simple, être poursuivi personnellement que pour sa part et portion virile. » Et plus
loin, répondant à l'argument tiré de l'art. 803, il
ajoutait : « Sa qualité d'administrateur ne détruit ni
celle de propriétaire ni celle d'héritier ; elle ne le
prive donc pas du droit que l'art. 873 confère à tout
héritier de n'être tenu personnellement des dettes et
legs que pour sa part virile. Il serait plus inutile
d'objecter que l'art. 802 oblige l'héritier bénéficiaire
de payer les dettes jusqu'à concurrence de la valeur
des biens qu'il a recueillis, et que par conséquent il
ne peut rien retenir tant qu'il reste des dettes à payer.
Ce n'est point là précisément ce que dit l'art. 802 :
il dit bien que l'héritier bénéficiaire n'est tenu des
dettes de la succession que jusqu'à concurrence de la
valeur des biens qu'il a recueillis, mais il ne dit point
qu'il en est tenu dans tous les cas jusqu'à concurrence
de cette valeur..... L'héritier bénéficiaire n'est tenu
de la part qu'il doit supporter dans les dettes, d'après
la règle générale écrite dans l'art. 873, que jusqu'à
concurrence de la valeur des biens..... » Et il fait re-

marquer que le bénéfice d'inventaire n'a pas été introduit en faveur des créanciers de la succession, mais en faveur de l'héritier, et qu'il serait contraire à tous les principes de tourner un bénéfice de droit au préjudice de la personne au profit de laquelle il a été établi (*Répert. Bénéf. d'inv.*, n° 25). Cette argumentation nous paraît inattaquable. En effet, la transmission héréditaire, en ce qui touche les dettes, produit deux effets principaux : la division des dettes entre tous les cohéritiers, et la confusion des patrimoines d'où dérive l'obligation illimitée pour chacun proportionnellement à sa part. Le bénéfice d'inventaire paralyse cette seconde conséquence en mettant obstacle à la confusion des patrimoines, et constitue ainsi l'héritier administrateur comptable, en tant qu'il n'est tenu que jusqu'à concurrence des biens recueillis. Mais il ne porte aucune atteinte au premier effet de la transmission héréditaire; il laisse intact le titre et la qualité d'héritier, et l'héritier bénéficiaire restant le représentant et le continuateur du défunt, comme tel ne saurait être tenu que dans la mesure de sa vocation héréditaire.

Nous n'avons parlé jusqu'ici que de l'action personnelle ; nous allons nous occuper à présent de l'action hypothécaire qui appartient au créancier, quand sa créance était du chef du défunt garantie par une hypothèque.

CHAPITRE III.

DE L'ACTION HYPOTHÉCAIRE.

L'action personnelle n'atteint que les successeurs à titre universel et seulement dans la proportion de leur part héréditaire. L'action hypothécaire déroge à cette double règle : les successeurs à titre particulier qui ne pouvaient pas être poursuivis, peuvent l'être hypothécairement pour le tout ; les successeurs à titre universel qui ne pouvaient être poursuivis personnellement que pour une fraction correspondante à leur part héréditaire, peuvent l'être hypothécairement pour le tout. C'est l'effet de l'indivisibilité de l'hypothèque; *est tota in toto, et tota in qualibet parte.* Mais celui qui a dû payer de la sorte la totalité d'une dette qu'il ne devait pas ou qu'il ne devait qu'en partie, fait une avance à raison de laquelle il a le droit d'exercer un recours contre ceux à qui elle a été utile. C'est à l'étude de ces deux points qu'est consacré ce chapitre. Nous examinerons d'abord contre qui peut être dirigée l'action hypothécaire, et comment s'exerce ce recours dont il vient d'être parlé, et nous terminerons par l'explication de l'art. 872 qui s'applique à une hypothèse spéciale.

ARTICLE PREMIER.

De ceux qui sont soumis à l'action hypothécaire.

L'action hypothécaire atteint tous ceux qui détiennent l'immeuble hypothéqué, à quelque titre que ce puisse être. Ce sont là les principes généraux de l'hypothèque, et ils s'appliquent ici sans difficulté comme en toute autre matière. Quiconque détient un immeuble grevé d'une hypothèque, est obligé, par ce seul fait, d'acquitter la dette tout entière. Il en est ainsi du successeur à titre particulier aussi bien que du successeur à titre universel. Le légataire particulier, bien que n'étant pas obligé personnellement, n'en est pas moins tenu hypothécairement pour le tout, sauf son recours contre les héritiers; sa position vis-à-vis du créancier hypothécaire est exactement celle d'un tiers détenteur ordinaire, qui n'est pas personnellement obligé à la dette, c'est-à-dire qu'il a le droit, soit de délaisser l'immeuble, art. 2168-2172, soit d'opposer l'exception de discussion, art. 2170, soit de purger, art. 2181. En ce qui le concerne, rien n'est changé aux principes généraux de l'hypothèque.

Quant à l'héritier ou au successeur à titre universel, l'indivisibilité de l'hypothèque a pour effet de l'obliger pour le tout, tandis que l'action personnelle ne l'obligeait que pour une part correspondante à sa portion héréditaire. Ce n'est pas, comme semble le dire à tort l'art. 1221, que l'hypothèque soit un obstacle à la division des dettes; ce n'est qu'en qualité de détenteur de l'immeuble hypothéqué que l'héritier peut être poursuivi pour le tout, mais la dette n'en reste pas moins divisée entre lui et ses cohéritiers. Il est donc soumis à une double action, l'action personnelle pour sa part et portion, l'action hypothécaire pour le tout. Le créancier peut cumuler les deux actions et conclure en conséquence à ce qu'il soit condamné personnellement pour la part dont il est héritier, et hypothécairement pour le tout. Il est clair que l'héritier ainsi poursuivi ne peut s'affranchir de l'action personnelle qu'à la condition de désintéresser le créancier; mais une fois qu'il a payé sa part contributoire, alors qu'il n'est plus tenu qu'hypothécairement, doit-il être considéré dans ses rapports avec le créancier hypothécaire comme un tiers détenteur ordinaire? Dirons-nous, comme pour le légataire particulier, qu'il jouit des mêmes droits? La question est controversée.

D'après une opinion qui avait beaucoup de faveur dans l'ancien droit, et qui a été reproduite aussi depuis le Code, l'héritier, dans ce cas, ne pourrait ni délaisser, ni opposer le bénéfice de discussion, ni purger. Loyseau, qui la soutenait énergiquement, distinguait de l'action personnelle et de l'action hypothécaire une troisième action composée de toutes deux, qu'il appelait *action personnelle hypothécaire* : « Nous auons joint et meslé ces deux actions ensemble, et de deux simples du droict, nous en auons fait une composée, où nous auons assemblé les effets de toutes deux... La personalité et réalité s'estans rencontrées une fois en luy, produisent cette manière de double action contre lui, qui demeure perpétuellement. » (*du*

Déguerpissement, liv. 3, ch. 2, n° 6.) Il invoquait aussi cette maxime de Bartole : *Quoties personalis actio concurrit cum hypothecaria, nec divisioni nec discussioni locus est,* maxime qu'il rattachait à cette action personnelle hypothécaire, et il concluait que « l'héritier et bien tenant ne peut estre iustement appelé tiers détempteur, attendu qu'il est successeur du défunt à titre universel. » (*Id.,* liv. 4, ch. 4, n°" 17 et 18) (1).

Au contraire, M. Troplong enseigne que l'héritier qui a payé sa part contributoire dans la dette, n'étant pas obligé personnellement, doit être traité comme un tiers détenteur ordinaire, et qu'il peut en conséquence user des trois bénéfices qui appartiennent à ce dernier (*Priv. et hyp.,* n°" 390 et 798; Chabot, art. 873, n° 15).

Une opinion mixte a été proposée et défendue récemment par M. Labbé avec un grand talent. Elle admet l'héritier qui a payé sa part dans la dette au délaissement, car il a cessé d'être obligé personnellement, et la faculté de délaisser inhérente à l'obligation hypothécaire ne cause en réalité aucun préjudice au créancier, et ne porte aucune atteinte à son droit. Mais elle lui refuse la faculté d'opposer le bénéfice de discussion et de purger. Voici comment il raisonne : Le débiteur primitif, c'est-à-dire le défunt, en donnant une hypothèque, a contracté deux engagements distincts, celui de payer la dette principale d'abord, ensuite celui de laisser subsister intacte jusqu'au payement intégral, l'hypothèque qu'il constitue, et ce se-

---

(1) Pothier (*des Success.* ch. 5, art. 4), trouvait bien plus raisonnable de distinguer toujours les deux actions, et il appelait l'action *personnelle hypothécaire* de Loyseau : *merum figmentum.*

cond engagement est indivisible. La faculté de purger n'appartient qu'aux tiers également étrangers à l'un et à l'autre. Or si l'héritier qui a payé sa part dans la dette est affranchi de l'obligation principale, il n'en est pas de même quant au contrat accessoire qui a créé l'hypothèque. L'obligation née de ce contrat sub· siste tout entière et pour le tout contre chaque héri- tier, tant que la dette principale n'a pas été intégrale- ment payée. La purge a précisément pour effet de modifier le droit hypothécaire dans son caractère le plus essentiel qui est l'indivisibilité : l'héritier même, après avoir payé sa part contributoire, ne peut donc se soustraire à cette obligation accessoire indivisible dont il est personnellement tenu (Labbé, *Rev. crit.*, t. 7, p. 211 ; Mourlon, *Rép. écrit.*, 3, p. 702 ; M. Valette à son cours ; Demolombe, *des Success.*, 5, n° 75) (1). C'est à cette dernière opinion que nous donnons la préférence.

ARTICLE II.

Du recours qui appartient à celui qui a payé au delà de sa part par l'effet de l'action hypothécaire.

Le légataire particulier qui a payé la dette sans y être personnellement obligé, le successeur universel, qui a payé au delà de la part pour laquelle il était personnellement tenu, par l'effet de l'action hypothé- caire, ont l'un et l'autre un recours à exercer contre

____

(1) Le même raisonnement s'applique au bénéfice de discussion (Dallos, Rép., Priv. et hyp., n° 1932.

les vrais débiteurs. Examinons maintenant comment s'exerce ce recours.

« Le légataire particulier, dit l'art. 874, qui a acquitté la dette dont l'immeuble légué était grevé, demeure subrogé aux droits du créancier, contre les héritiers et successeurs à titre universel. » Il va sans dire que le légataire particulier a tout d'abord une action personnelle de gestion d'affaires contre les héritiers tenus de la dette qu'il a payée (art. 1372); ce payement leur a été utile, et il donne naissance à une action en répétition au profit du légataire contre ceux qui en ont profité; mais cette action personnelle se divise conformément aux principes généraux, et n'atteint chacun des cohéritiers que dans la proportion de sa part héréditaire. L'art. 874 va plus loin, et il subroge, *ipso jure*, le légataire au droit du créancier contre les héritiers et successeurs à titre universel. Cette disposition est reproduite par l'art. 1251-3· qui porte que la subrogation légale existe au profit de celui qui étant tenu avec d'autres ou pour d'autres au payement de la dette, avait intérêt de l'acquitter. Le légataire joue ici le rôle de tiers détenteur, et comme celui-ci, il est tenu pour les héritiers, qui seuls sont obligés personnellement. Il faudra appliquer les principes du droit commun en matière de subrogatien pour déterminer contre qui le légataire est subrogé, à quels droits et dans quelle mesure s'étend cette subrogation. L'art. 874 dit bien : Contre les héritiers et successeurs à titre universel ; mais ces mots n'ont rien de restrictif, et ils ne s'opposent pas à ce qu'il puisse exercer ses droits contre tout détenteur, comme l'aurait pu faire le créancier lui-même. Le législateur s'est placé dans l'hypothèse la plus ordinaire, celle où la dette à laquelle l'immeuble légué a été hypothéquée est une dette du défunt dont les successeurs universels sont tenus soit personnellement, soit hypothécairement, s'ils détiennent d'autres immeubles hypothéqués à la même dette, mais il n'a pas entendu exclure les autres hypothèses. L'art. 611 nous en fournit la preuve : le légataire de l'usufruit d'un immeuble hypothéqué est subrogé aux droits du créancier hypothécaire qu'il a désintéressé, et il peut exercer ce recours non-seulement contre le débiteur de la dette, mais encore contre le nu-propriétaire même, si celui-ci n'y était pas personnellement obligé. L'application des principes généraux de la subrogation au légataire particulier me conduit à décider qu'il pourra exercer tous les droits qui appartenaient au créancier primitif. De même, lorsque le payement avec subrogation est fait par une personne qui n'était tenue que pour les autres, sans être personnellement débitrice, on décide généralement qu'elle a son recours pour le tout contre chacun des débiteurs, et contre chacun de ceux qui, comme elle, n'étaient tenus que pour les autres, pour leur part et portion. Il faudrait étendre cette doctrine au légataire particulier; en un mot toutes les solutions du droit commun, quelles que soient celles que l'on adopte, doivent être appliquées au légataire.

Quelques jurisconsultes ont cru voir une antinomie

entre l'art. 874 que nous venons d'expliquer et l'art.
1020 qui dispose que si avant le testament ou depuis,
la chose léguée a été hypothéquée, celui qui doit acquitter le legs n'est point tenu de la dégager, à moins
qu'il n'eût été chargé de le faire par une disposition
expresse du testateur. Plusieurs explications ont été
proposées. M. de Maieville limite l'art. 874 au cas
où le légataire particulier aurait acquitté la dette,
bien que l'héritier eût été expressément chargé par
le testateur de dégager la chose léguée. On a essayé
de soutenir également que les art. 871 et 874 s'appliquaient aux dettes pour lesquelles il y a une hypothèque générale, c'est-à-dire une hypothèque judiciaire ou légale, tandis que l'art. 1020 avait en vue
les dettes qui ne sont garanties que par une hypothèque spéciale; de telle sorte que le légataire particulier est bien affranchi d'acquitter les dettes garanties
par une hypothèque générale, mais qu'il est tenu de
payer les autres. Ces distinctions sont purement et
simplement arbitraires, nos textes les repoussent, et
l'antinomie qu'elles s'efforcent de faire disparaître
n'est qu'apparente. On attribue à l'art. 1020 une
portée qu'il n'a pas; il veut dire simplement que l'héritier n'est pas tenu de dégager l'hypothèque avant
la délivrance du legs, et que le recours du légataire ne doit s'exercer qu'après qu'il a été forcé de
payer. « L'art. 1020, dit Grenier, tom. 1, p. 556,
ne fait point d'exception à la règle (celle des art. 871
et 874). Il faut bien saisir le sens du mot *dégager*.
Le législateur a prévu un cas qui arrive souvent, celui

où une hypothèque serait établie pour une créance ou
éventuelle, ou conditionnelle, ou payable à une époque éloignée, et il a voulu que dans ce cas celui qui
devait acquitter le legs ne fût point obligé de dégager
la chose léguée en prenant des mesures pour procu-
rer au légataire l'avantage de jouir de cette chose
léguée sans les entraves de l'hypothèque, lorsque le
légataire demanderait la délivrance de son legs, à
moins que le testateur ne l'eût ainsi voulu. » Mais
que s'il est obligé par l'effet de l'hypothèque d'acquitter la dette devenue exigible ou de délaisser l'immeuble pour se dispenser de payer, il a un recours
assuré contre les héritiers et autres débiteurs du legs
(Chabot, *des Success.*, art. 874, n° 3).

Passons maintenant au cas où l'immeuble hypothéqué est aux mains d'un successeur universel. Le
créancier a pu le poursuivre personnellement pour sa
part et portion, hypothécairement pour le tout. Dans
cette dernière hypothèse, il a un recours à exercer
contre ses cohéritiers pour ce qu'il a payé au delà de
sa part contributoire dans la dette. Mais il y a une
différence essentielle entre la position du cohéritier
qui a payé l'intégralité de la dette hypothécaire dans
ses rapports avec ses cohéritiers et le légataire particulier, détenteur de l'immeuble hypothéqué. Non-
seulement ce dernier n'étant tenu personnellement à
aucune fraction de la dette, recouvrera par conséquent tout ce qu'il a avancé pour les autres, tandis
que le cohéritier doit confondre la part à laquelle il
était obligé en son nom propre; mais de plus il existe

entre les cohéritiers ou cosuccesseurs universels une obligation réciproque de garantie dont le principe est posé d'une manière générale par les art. 884 et 885, et dont la loi n'a fait que déduire les conséquences dans les art. 875 et 876. C'est en vertu de cette obligation réciproque qu'en cas d'insolvabilité d'un des cohéritiers ou successeurs à titre universel, comme le dit l'art. 876, sa part dans la dette hypothécaire est répartie sur tous les autres au marc le franc. Cette répartition au marc le franc n'a lieu que si la dette payée était hypothécaire ; l'insolvabilité d'un des cohéritiers retomberait sur le créancier seul, s'il n'était que chirographaire, en vertu du principe de la division des dettes, lors même que la succession aurait été acceptée sous bénéfice d'inventaire. L'héritier qui dans ce cas aurait payé volontairement la totalité, pourrait sans doute exercer un recours par une action personnelle de gestion d'affaires ; mais prenant la place du créancier, il devrait comme lui subir la conséquence de la division des dettes et supporter l'insolvabilité de ses cohéritiers, qui n'étaient obligés que pour leur part, et dont il ne peut aggraver la position en leur faisant supporter la part de dettes de l'insolvable. Il a payé volontairement, c'est à ses risques ; il ne doit l'imputer qu'à lui-même. Par l'effet de l'hypothèque, au contraire, il a été contraint d'acquitter toute la dette ; s'il devait à lui seul supporter l'insolvabilité de l'un des contribuables, il souffrirait une éviction dont ses cohéritiers doivent le garantir, et c'est là ce qui motive cette répartition au marc le franc de la part de l'insolvable. Il faut donc.

que l'héritier ait été forcé de payer ; cette condition même ne suffit pas toujours, et la garantie cesserait pour l'insolvabilité de l'un des cohéritiers survenue postérieurement au payement de la dette hypothécaire. C'est à l'héritier qui a payé à exercer des poursuites en temps utile contre tous les cohéritiers, et il faut qu'on ne puisse lui imputer aucune négligence ni aucun retard dans le recouvrement de ses avances.

Pour exercer ce recours qui lui appartient, le cohéritier qui a payé la totalité de la dette, outre l'action personnelle, peut intenter l'action hypothécaire contre ceux qui détiennent des immeubles hypothéqués à la même dette. La loi le subroge elle même à tous les droits du créancier ; c'est ce qui résulte formellement de l'art. 1251-3°, car l'art. 875 semble n'avoir en vue que l'hypothèse où il a eu soin de se faire subroger conventionnellement. On a entendu ce texte en ce sens que la subrogation conventionnelle ne saurait avoir plus d'effets en sa faveur que la subrogation légale. Cette explication est juste en elle-même, mais il faut mieux reconnaître que la subrogation légale a été créée au profit de l'héritier, non pas par l'art. 875, mais bien par l'art. 1251. La rédaction ambiguë de l'art. 875 se comprend si on le rapproche du texte de Pothier (cout. d'Orl., art. 358), auquel il a été emprunté. Pothier disait que l'héritier ne pourrait exercer son recours contre ses cohéritiers que pour leur part et portion, quand même il se serait fait subroger aux droits du créancier ; et il fallait bien parler ainsi à une époque où la subrogation légale n'existait pas. Les rédacteurs du Code Napoléon ont dit la même chose, sans songer que cette formule devenait inexacte dans la loi nouvelle qui, suppléant à toute convention, établissait de plein droit la subrogation à son profit.

Aux termes de l'art. 875, cette action hypothécaire se divise absolument comme l'action personnelle et dans les mêmes proportions contre les autres contribuables; de telle sorte que celui qui l'exerce ne peut même hypothécairement demander à chacun d'eux que sa part et portion dans la dette et dans les insolvabilités. La subrogation toutefois ne lui sera pas inutile; elle lui servira à primer les créanciers chirographaires de ses cohéritiers. Cette disposition de l'art. 875 contient une double et importante dérogation aux principes généraux de l'hypothèque, d'abord, dont elle modifie profondément un des principaux caractères, l'indivisibilité, et en second lieu de la subrogation. En effet lorsque celui qui acquitte la dette est étranger à l'obligation s'il n'en est tenu que *propter rem*, si c'est par exemple un légataire particulier (art. 874), un héritier bénéficiaire (art. 875 in fine), ou toute autre personne, il est subrogé à tous les droits du créancier primitif, et il les exercera comme aurait pu faire ce créancier lui-même; de telle sorte que s'il existe plusieurs immeubles hypothéqués à la même dette, il pourra poursuivre pour la totalité tout détenteur de l'un de ces immeubles. Ici, au contraire, le successeur universel qui a payé le créancier est bien subrogé à ses droits, il a nécessairement son recours contre ses cosuccesseurs pour ce qu'il a été forcé de payer au delà de sa part contributoire ; mais il est obligé de poursuivre tous les contribuables, et chacun dans la mesure de sa part et portion seulement, lors même qu'il serait détenteur d'un immeuble hypothéqué. Cette différence se justifie également en droit et en raison pratique.

En droit d'abord, elle résulte de l'obligation réciproque de garantie qui lie entre eux les cosuccesseurs universels, et qui s'oppose de la part de l'un d'eux à tout acte qui tendrait à causer aux autres une éviction ; n'est-ce pas souffrir une éviction que d'être obligé de payer au delà de sa part contributoire ? *Quem de evictione tenet actio, eumdem agentem repellit exceptio.* D'ailleurs, l'indivisibilité hypothécaire a principalement pour objet de mettre le créancier à couvert de l'insolvabilité de l'un de ses débiteurs ; or c'est là un avantage que le cohéritier ne peut pas obtenir, puisque l'insolvabilité de l'un est répartie entre eux tous, et qu'il en doit nécessairement porter sa part (art. 876.) Si donc il pouvait poursuivre l'un d'eux pour le tout, sa part confuse, et que ce dernier, en recourant à son tour contre les autres cohéritiers, les trouvât insolvables, celui-ci pourrait se retourner contre le premier qui doit supporter avec lui cette insolvabilité, et lui répéter une partie de ce qu'il lui aurait précédemment payé. Il y aurait là un circuit d'actions inutile, dangereux même, puisque le premier pourrait à son tour être devenu insolvable, et c'est là ce qui justifie en pratique cette doctrine, à laquelle l'ancienne jurisprudence s'était ralliée, et que le Code a définitivement consacrée. A les supposer même tous solvables, si l'on avait permis aux cohéritiers détenteurs d'immeubles hypothéqués à la même dette de réagir successivement les uns contre les autres en déduisant préalablement leur part, il y aurait toujours eu une série d'actions récursoires qu'il vaut mieux éviter.

La loi fait une exception en faveur de l'héritier bénéficiaire qui conserve la faculté de réclamer, dit l'art. 875, *in fine*, le payement de sa créance comme tout autre créancier. Cette exception s'applique d'abord à la créance hypothécaire que l'héritier bénéficiaire pouvait avoir de son chef contre le défunt, puisqu'aux termes de l'art. 802, il conserve le droit de réclamer le payement de ses créances personnelles, sans en confondre aucune partie dans l'hérédité; elle s'applique aussi aux créances qui sont passées sur sa tête, parce qu'il a payé le créancier soit avec ses propres deniers, soit avec ceux de la succession. L'art. 1251-4° le dit en termes formels, et l'art. 875 suffisait à lui seul pour lui permettre de poursuivre pour le tout, même dans la première hypothèse, chaque détenteur d'un immeuble hypothéqué. C'est d'une hypothèse semblable que parle le commencement de l'art. 875, quand la succession a été acceptée purement et simplement, et l'économie générale de ce texte montre bien que l'exception qu'il apporte en faveur de l'héritier bénéficiaire se rapporte au même cas. D'ailleurs, lorsqu'il a payé de ses deniers la créance héréditaire, au delà de sa part contributoire ou de l'émolument qu'il a recueilli, ne peut-on pas dire qu'il a une créance

personnelle comme celle qu'il aurait eue originaire-
ment contre le défunt?

On s'est demandé si cette exception ne devait pas
être étendue au cas où un héritier, légataire par préciput d'un immeuble hypothéqué à une dette, aurait
payé cette dette en qualité de détenteur, ou bien au
cas où l'héritier se trouvait précisément être lui-même
le créancier primitif de la dette hypothécaire. Quelques jurisconsultes l'ont pensé. Dans l'hypothèse où
l'héritier est en même temps légataire par préciput,
ce n'est pas comme héritier, mais bien comme légataire, qu'il a le droit d'exercer un recours contre ses
cohéritiers ou cosuccesseurs universels. Il peut donc
invoquer l'art. 874 qui dit, d'une manière générale,
que le légataire est subrogé aux droits du créancier
sans distinguer s'il est en même temps héritier ou non.
Quant au legs particulier, l'héritier est considéré
comme étranger à la succession, il ne contribue pas
aux dettes à raison de la chose léguée; c'est donc en
tout qu'il doit être traité comme un légataire particulier ordinaire. Il en est de même dans le cas où
l'héritier était en même temps le créancier originaire.
Il est manifeste que l'art. 875 ne lui est pas opposable, puisqu'il ne parle que de l'héritier qui a payé
sa part dans une dette commune; ici, au contraire,
c'est une créance qui lui appartient en propre. « L'héritier n'est point obligé, disait Lebrun, *Success.*, liv. 4,
ch. 2, § 1", n° 43, de communiquer cette créance à
ses cohéritiers, parce que ce n'est point une affaire
qu'il ait négociée en qualité d'héritier avec un étran-

ger, mais qu'il était créancier de celui *de cujus bonis* avant son décès ; ce qui fait une différence essentielle de cette espèce et de celle où l'on suppose que l'un des héritiers a payé une dette de la succession à un créancier qui l'a subrogé. » L'héritier, même pur et simple, conserve le plein exercice de ses droits pour tout ce qui excède sa part contributoire, et ne se trouve pas éteint par confusion ; pourquoi donc ne pourrait-il pas, pour tout ce qui subsiste, réclamer la totalité au détenteur de l'immeuble hypothéqué ? En ce sens, Chabot, art. 875, p. 611 et suiv. ; Zachariæ, Aubry et Rau ; Dalloz, *Rép.*, *Success.*, n° 1389.

A cette théorie on a répondu que ces deux cas devaient l'un et l'autre rentrer sous l'application de l'art. 875 et par l'effet des mêmes principes ; car s'il est vrai qu'il fallût admettre ces deux exceptions parce qu'elles ne sont pas expressément prévues par la lettre du texte, on ne comprendrait pas pourquoi le législateur s'est cru obligé de poser une restriction en faveur de l'héritier bénéficiaire, si toutes les fois qu'il s'agit d'une créance personnelle, l'héritier même pur et simple n'est pas forcé de diviser son action. Mais en dehors et au-dessus de ces arguments de texte, c'est dans les principes qu'il faut chercher la réponse décisive à la théorie qu'on vient de lire. Déjà dans l'ancienne jurisprudence l'annotateur de Lebrun, réfutant son auteur, les exposait d'une manière qui ne souffre pas de réplique : « La raison (qui lui fait combattre l'opinion de Lebrun), la raison est, dit-il, que le créancier *ex supervenientia facti et per casum delata successionis, quasi incidit in societatem;* il devient héritier, et par conséquent il entre dans une espèce de société avec ses cohéritiers. Dès lors il est soumis à la loi de l'égalité qui est la loi souveraine des partages, et à la règle de l'action qui s'appelle en droit *actio familiæ erciscundæ;* il ne se peut plus prévaloir de la rigueur de l'action solidaire et hypothécaire : il doit épargner également ses cohéritiers, et ne pas faire tomber tout le faix de son action sur un seul, ni susciter une guerre domestique par un circuit d'actions récursoires entre ses cohéritiers. » Telle était pareillement l'opinion de Pothier, qui s'exprime sans la moindre hésitation : « Quand même l'un des cohéritiers serait de son chef créancier hypothécaire du défunt, il ne pourrait agir solidairement, sa part seulement confuse, contre chacun de ses cohéritiers détenteurs d'immeubles ; la garantie réciproque que se doivent les cohéritiers exclut cette solidarité ; il ne peut demander à chacun de ses cohéritiers que la part dont ce cohéritier en est tenu personnellement, et la répartition des portions dont sont tenus les héritiers insolvables entre lui et ceux qui sont solvables (cout. d'Orléans, art. 358). » C'est aussi, nous semble-t-il, ce qu'il faut décider aujourd'hui et par les mêmes raisons. Le cohéritier, légataire particulier par préciput ou créancier hypothécaire du défunt, ne cesse point d'être tenu de l'obligation de garantie envers ses cohéritiers, ni par conséquent de supporter l'insolvabilité de l'un d'eux au marc le franc ; et c'est précisément cette obligation qui l'empêche d'exercer, dans

le cas de l'art. 875, ce recours *in solidum* qui consti-
tuerait une éviction. Comment donc, parce qu'il est
légataire ou créancier, pourrait-il intenter une action
qui tendrait à évincer ceux qu'il doit garantir? Il n'y
aurait pas de raison pour le lui interdire quand il est
subrogé aux droits du créancier qu'il a payé. Ce créancier, apparemment, avait bien le droit d'agir hypothécairement pour le tout contre chacun des détenteurs
d'immeubles hypothéqués, et le cohéritier est mis par
la loi en son lieu et place, subrogé à tous ses droits.
S'il ne le peut pas, c'est qu'il y a chez lui, dans sa
personne, une qualité propre, personnelle qui s'oppose
à l'exercice d'une action *in solidum*; cette qualité, qui
forme un insurmontable obstacle à l'exercice de toute
action solidaire de sa part, c'est l'obligation de garantie, et cet obstacle existe de quelque manière que
l'action solidaire se trouve entre ses mains. Du moment que la qualité de légataire ou de créancier an-
térieur ne fait pas disparaître cette obligation, que lui
impose son titre d'héritier, et qui oserait le soutenir?
il est forcé de subir la division de l'action hypothécaire. D'ailleurs ce recours intégral ne lui servirait
jamais à rien, car en définitive il doit toujours supporter l'insolvabilité de ses cohéritiers si l'un d'eux devient insolvable, et le cohéritier détenteur qui lui
aurait payé le tout se retournerait contre lui pour lui
en répéter une partie, si les autres cosuccesseurs de-
venaient insolvables. » On le voit, toutes les raisons
de droit et d'équité qui ont inspiré l'art. 875 se re-
trouvent ici; le motif pour lequel on voudrait distin-

guer, ne se découvre nulle part, la loi est muette. J'en conclus qu'il faut appliquer l'art. 875 (Demol., 5 *des Success.*, n°ˢ 81-83; Marcadé, art. 873 3°; Mourlon, *Répét. écrit.*, 2, p. 218).

La loi ne parle que du cas où l'un des héritiers a été forcé de payer au delà de sa part contributoire par l'effet de l'action hypothécaire ; nous avons vu pourtant (art. 1221) que d'autres espèces du même genre peuvent se présenter. Il faut y appliquer sans hésitation les règles que la loi a tracées ici, aussi bien en ce qui concerne le droit de poursuite que pour régler le recours de celui qui a payé l'intégralité de la dette contre ses cosuccesseurs obligés personnellement contre lui.

ARTICLE III.

Explication de l'art. 872.

Les recours multipliés qu'engendre l'action hypothécaire et dont l'étude a fait l'objet de l'article qui précède présentent, pour les cohéritiers, de nombreux inconvénients. Il n'est pas toujours possible de les éviter; cependant la loi leur indique quelques précautions et leur fournit quelques remèdes qui sont de nature à obvier à ces dangers dans un grand nombre de cas, et notamment dans ceux où ils auraient le plus de gravité : je veux parler de l'art. 872 qui prévoit l'hypothèse où les héritiers rencontrent dans la succession un ou plusieurs ou même tous les immeubles affectés par hypothèque à la sûreté d'une rente constituée ou perpétuelle.

En dehors de ce cas spécial auquel nous devons des explications plus étendues, la loi fournit, dans l'art. 826, un moyen plus général aux héritiers de prévenir les recours toujours fâcheux dont nous venons de parler. Ce moyen consiste à vendre les meubles avant tout partage et à éteindre, avec le prix, les dettes de la succession et, par conséquent, les actions personnelles ou hypothécaires auxquelles elles pouvaient donner naissance. Cet expédient ne devient nécessaire que s'il n'y a pas dans la succession de deniers comptants : sinon la première opération à faire est de les employer à désintéresser les créanciers. Mais il peut arriver, au contraire, que le défunt n'a laissé que des biens corporels meubles ou immeubles dont chaque successeur a le droit de demander sa part en nature. Ce n'est que par exception et dans un intérêt supérieur que la loi permet, par dérogation aux principes généraux du partage, d'aliéner les meubles pour, avec le prix, acquitter les dettes. Deux cas sont prévus par l'art. 826. Lorsqu'il y a des créanciers saisissants ou opposants, un seul héritier peut, malgré le dissentiment de ses cohéritiers, exiger que les meubles soient vendus, afin d'empêcher que cette vente n'ait lieu sur saisie. La loi a considéré que la vente amiable serait beaucoup moins coûteuse, moins longue et plus avantageuse pour les héritiers eux-mêmes.

Le second cas de l'art. 826 est celui où la majorité

des créanciers juge la vente nécessaire pour l'acquit des dettes et charges de la succession. On s'est demandé de quelle majorité il s'agissait ici, et quelques jurisconsultes ont pensé que cette majorité devait se former, de même que dans les art. 220 et 507 du Code de commerce eu égard à la quotité des droits que chaque personne appelée à la succession devait y recueillir. Je ne pense pas que cette opinion soit admissible. La majorité se compte ordinairement par tête, et rien n'indique que la loi ait voulu faire exception à la règle. Si elle l'a fait dans les art. 220 et 507 du Code de commerce, c'est par des motifs qui ne se rencontrent pas ici. En effet, le concordat a pour effet de faire perdre aux créanciers une portion de leur créance, et il ne fallait pas que les petits créanciers, d'ordinaire fort nombreux, pussent dépouiller malgré eux ceux à qui il est dû de grosses sommes. Ici il ne s'agit que d'une mesure d'administration qui ne peut porter préjudice à personne, puisqu'elle tend uniquement à remplacer une part en nature dans les meubles par une quittance de libération. C'est ce que l'on décide aussi entre associés.

Venons à l'explication de l'art. 872. Les recours et les complications d'actions dont nous signalions tout à l'heure les inconvénients deviennent infiniment plus nuisibles lorsqu'il s'agit d'une rente constituée ou perpétuelle garantie par une hypothèque. Il est clair que le crédirentier, au lieu d'aller à chaque échéance demander divisément le payement des arrérages à chacun des successeurs universels, préférera s'adresser pour le tout à celui qui détient l'immeuble hypothéqué. Celui-ci devra payer, puis ensuite recourir contre ses cohéritiers, et cette situation ira toujours s'aggravant, à mesure que le cours des temps amènera de nouveaux fractionnements de la rente. Cette situation fâcheuse devait attirer l'attention du législateur : l'art. 872 fournit deux moyens d'y porter remède.

Le premier, le plus simple et le meilleur à prendre quand il est possible, consiste à rembourser la rente avant le partage et à dégrever par là l'immeuble hypothéqué. Les cohéritiers se trouvent ainsi et à jamais garantis de toute poursuite de la part du créancier et de tout recours entre eux. Ce moyen peut certainement être employé lorsqu'il s'agit d'une hypothèque spéciale sur un seul immeuble, l'art. 872 le dit en termes exprès. En est-il de même, au contraire, quand l'hypothèque est générale et frappe tous les immeubles de la succession?

On a prétendu, par une interprétation judaïque du texte de la loi, qu'il excluait cette dernière hypothèse. Il nous semble, au contraire, et c'est d'ailleurs l'opinion généralement adoptée, que les motifs qui ont dicté cet article s'appliquent ici avec bien plus de force encore, puisque le créancier n'en a pas moins le droit de demander la totalité des arrérages à un seul des héritiers, et qu'il peut même s'adresser tantôt à l'un, tantôt à l'autre, pourvu qu'il soit détenteur de l'un des immeubles hypothéqués, de sorte que chaque héritier aura à craindre pour son propre compte d'être soumis à l'action *in solidum* et de n'avoir qu'un recours partiel à exercer. *Ubi eadem ratio, idem jus.*

D'ailleurs la discussion du conseil d'État lèverait les doutes qui pourraient rester sur l'intention du législateur. Le projet de la commission, des deux dispositions qui forment aujourd'hui l'art. 872, ne contenait que la seconde qui ordonne de n'estimer l'immeuble hypothéqué que déduction faite du capital de la rente et qui s'applique exclusivement au cas d'une hypothèque spéciale. Dans la discussion, M. Tronchet fit remarquer que le danger auquel on voulait remédier se présentait avec bien plus de gravité lorsque la rente était armée d'une hypothèque générale qui frappait tous les immeubles héréditaires, et il proposa, pour y remédier, ce moyen qui consiste à rembourser le capital de la rente. Son opinion fut admise par le conseil et l'article renvoyé à la section de législation. Mais la section, au lieu de remanier complétement le texte, se contenta d'y intercaler la phrase qui consacre l'amendement de M. Tronchet, et voilà comment les mots d'*hypothèque spéciale* qui se trouvaient dans le projet au commencement de l'article, et qui y étaient à leur place, ont été laissés par mégarde dans la rédaction définitive d'où ils auraient dû être effacés.

Toutefois, le moyen proposé par M. Tronchet et consacré par l'art. 872, n'est pas toujours praticable, soit parce que la rente n'est pas à ce moment remboursable, soit parce que les héritiers n'ont pas les fonds nécessaires pour en user, ou qu'ils ont intérêt à ne pas le faire. C'est alors qu'il faut recourir à cet autre expédient indiqué aussi par l'art. 872. Le service de la rente est mis à la charge exclusive de celui des cohéritiers qui aura l'immeuble hypothéqué, avec obligation de garantir les autres. Mais l'immeuble grevé n'est compté dans sa part que pour la valeur qui lui reste après déduction du capital de la rente. On conçoit qu'on ne peut user de ce système qu'à la condition que l'hypothèque ne porte que sur un immeuble. Si elle frappait tous ceux de la succession, le créancier n'en conservait pas moins le droit d'exercer l'action *in solidum* contre tous ceux qui détiendraient l'un des immeubles hypothéqués, et le but de la loi serait manqué. Néanmoins, cet arrangement n'a d'effet qu'entre les cohéritiers, et ne saurait être opposable au créancier qui peut toujours, même au cas où l'hypothèque est spéciale, poursuivre personnellement mais divisément chacun des héritiers. Seulement, celui qui a été chargé du service de la vente devrait les garantir, les défendre de toute poursuite et les indemniser s'ils avaient payé. Telle est à notre sens la limite de l'obligation de garantie, et nous ne croyons pas qu'elle puisse aller jusqu'à contraindre l'héritier demeuré seul chargé du service de la vente, à la rembourser si le créancier ne consentait pas à le recevoir comme seul débiteur. Il suffit qu'il vienne en cause les défendre.

L'art. 872 s'applique à toutes les rentes constituées, quelle que soit la cause de leur constitution, un capital mobilier ou un immeuble. Mais on est à peu près unanimement d'accord pour décider qu'il ne faut l'étendre ni aux rentes viagères ni aux créances exigibles. Les rentes viagères ne sont pas remboursables, et l'on ne peut pas dire à la vérité qu'elles aient un capital, puisqu'on ne pourrait le déterminer qu'au moyen d'une évaluation incertaine et aléatoire : elles ne rentrent donc ni dans l'une ni dans l'autre des dispositions de l'art. 872. D'ailleurs, elles sont toujours à terme, c'est-à-dire que le principal inconvénient en vue duquel l'art. 872 a été écrit ne se rencontre pas. Il en est de même et par les mêmes raisons des créances ordinaires. Le capital deviendra toujours exigible à un moment ou à un autre; l'héritier qui l'aura payé pourra recouvrer les avances qu'il a faites pour ses cohéritiers. Si au contraire il rembourse le capital d'une rente perpétuelle, il ne pourra leur réclamer que le payement des arrérages (Marcadé, article 872, 3; Demol., *Des success.* 5, n. 95). Je ne crois pas non plus qu'il faille l'appliquer au cas où le créancier se trouve être lui-même héritier, puisque dans ce cas l'héritier est obligé de diviser même son action hypothécaire; les autres cohéritiers n'ont donc pas à craindre d'avoir à exercer des recours les uns contre les autres; le motif sur lequel l'art. 872 est fondé fait défaut.

Il ne nous reste plus, pour terminer l'examen des principales questions qu'a fait naître l'art. 872, qu'à décider si ces dispositions sont impératives ou facultatives, c'est-à-dire si les cohéritiers qui se trouvent dans les conditions qu'il prévoit sont obligés d'employer l'un ou l'autre de ces expédients ou s'il leur est permis de rester sous l'empire du droit commun. On décide généralement que la première partie de l'article renferme une disposition purement facultative, et il serait difficile de le faire autrement eu présence de ces termes : Chacun peut exiger, etc.... Mais pour le second cas, on a dit que la loi elle-même imposait cet arrangement aux héritiers qui n'étaient pas les maîtres de s'y soustraire (Marcadé, art. 872, 1 ; Chabot, *id.*, 4°). Cependant les termes de la loi ne sont pas assez exprès pour qu'on puisse en induire qu'elle a voulu déroger au principe supérieur de la liberté des partages formellement consacrée par l'art. 819. Aucun intérêt public ni privé n'exige ici une exception que la loi ne comporte pas, et nous pensons, avec la majorité des commentateurs, que la seconde disposition de l'art. 872, aussi bien que la première, doit être interprétée comme simplement facultative pour les héritiers qui pourront toujours, s'ils y trouvent un avantage, ne pas user de cet expédient. Remarquons toutefois qu'il suffit qu'un seul d'entre eux en exprime la volonté pour que ses cohéritiers soient forcés d'appliquer l'art. 872 ; c'est ce qui résulte des termes mêmes dont s'est servi la loi.

CHAPITRE IV.

DU MODE DE POURSUITE DES CRÉANCIERS.

L'objet de ce chapitre est de déterminer comment les créanciers de la succession peuvent exercer le droit de poursuite qui leur appartient contre les héritiers. Nous avons vu dans les chapitres qui précèdent, contre quels successeurs et dans quelle mesure contre chacun d'eux ce droit de poursuite peut être exercé; nous examinons maintenant suivant quel mode il devra l'être. Sans doute il résulte de l'obligation personnelle dont sont tenus les successeurs universels, que le créancier agira contre eux comme il l'aurait pu faire contre l'héritier lui-même; toutefois la transmission des actions de la tête du *de cujus* sur celle de l'héritier apporte quelques modifications aux principes généraux. C'est ce que nous allons étudier maintenant en nous occupant successivement du cas où la succession a été acceptée purement et simplement, et de l'hypothèse où elle a été acceptée sous bénéfice d'inventaire. Ce n'est pas, bien entendu, que nous voulions ni que nous puissions traiter *in extenso* du bénéfice d'inventaire. Ce sujet, malgré ses affinités et ses nombreux points de contact avec celui de cette thèse, ce sujet n'est pas le nôtre, et il ne peut pas être traité incidemment. La matière dont nous avons entrepris l'imparfait commentaire, est d'ailleurs bien assez vaste et assez difficile pour que nous ne soyons nullement tenté de franchir les limites du cadre déjà si étendu qui nous est tracé; mais il nous a semblé que nous n'indiquerions pas complétement comment les créanciers peuvent réclamer des héritiers le payement des dettes du défunt, si nous passions sous silence les règles que le législateu. t tracées pour le cas où l'héritier a cru devoir user du bénéfice d'inventaire, et c'est à ce titre que l'explication sommaire des art. 808 et 809 du Code Napoléon nous a paru tout naturellement rentrer dans notre sujet.

ARTICLE PREMIER.

La succession a été acceptée purement et simplement.

Les créanciers peuvent agir contre les héritiers de même que contre le *de cujus*, par voie de demande ou par voie d'exécution. Par voie de demande, d'abord, c'est-à-dire que les créanciers peuvent exercer leurs droits contre les héritiers purs et simples du défunt, suivant les formes du droit commun, et même il a été jugé qu'il n'est pas nécessaire de les mettre en cause à titre d'héritiers, mais qu'il suffit d'une citation en leur nom personnel (Cass., 9 janv. 1860). Pourtant on s'est demandé si les jugements obtenus par les créanciers contre l'héritier produisaient, suivant le droit commun, l'hypothèque judiciaire, même sur les biens de la succession. La négative est incontestable, si la succession a été acceptée bénéficiairement (art. 2146). La Cour de cassation a donné la même solution au cas d'acceptation pure et simple, en se fondant sur ce motif que la mort fixe le sort des créanciers et l'état des biens de la personne décédée, et qu'ainsi il n'est pas au pouvoir des créanciers chirographaires d'une succession de se transformer en créanciers hypothécaires (19 février 1818). Il faut bien reconnaître cependant que l'hypothèque judiciaire frappera au moins tous les biens personnels de l'héritier; or si les biens de la succession sont devenus biens personnels de l'héritier par l'effet de l'acceptation pure et simple, ainsi qu'on le disait à Rome : *Hereditas adita jam non est hereditas, sed patrimonium heredis,* je ne vois pas sur quel fondement peut reposer la distinction proposée. La maxime invoquée par l'arrêt n'a pas la portée qu'on lui attribue; elle signifie simplement que les créanciers du défunt ne peuvent plus de son chef acquérir des hypothèques après son décès; mais si les créanciers personnels de l'héritier peuvent après l'acceptation acquérir de son chef des hypothèques sur les biens de la succession, en vertu d'un jugement, par exemple, comment refuserait-on le même droit aux créanciers héréditaires qui sont devenus ceux de l'héritier? Il me semble qu'il faut appliquer ici les règles du droit commun.

Il n'en est pas de même lorsque le créancier est muni d'un titre exécutoire; l'art. 877 contient une dérogation au droit commun qui s'explique historiquement. Dans notre ancienne jurisprudence, en effet, bien qu'il semblât tout naturellement découler du principe que l'héritier continue la personne du défunt, que les titres exécutoires contre le défunt l'étaient aussi contre l'héritier, on n'avait pas admis cette conséquence. « Les créanciers, nous dit Pothier, ne peuvent faire aucune exécution de biens sur l'héritier, jusqu'à ce qu'il soit obligé envers eux par un titre nouvel par-devant notaire ou condamné par une sentence; car c'est une maxime du droit français consignée dans notre coutume (art. 433), que toutes exécutions cessent par la mort de l'obligé; la coutume de Paris, art. 168, a une même disposition. » (*Success.*, ch. 5, art. 4.) Cette maxime était généralement admise, à part quelques exceptions isolées, dans les pays coutumiers. Pothier nous apprend encore que l'ordonnance de 1539 avait permis d'exécuter, tant contre les veuves que contre les héritiers, les titres qui avaient été exécutoires contre le débiteur; mais Henri II, par sa déclaration du 4 mars 1519, abrogea cette disposition sur les remontrances des parlements (*Procéd. civ.*, part. 4, ch. 2, § 2, § 5). Remarquons toutefois que l'obligation où se trouvaient les héritiers d'obtenir un titre nouvel ou une sentence du juge, avait l'avantage de leur conférer une hypothèque générale. A l'inverse, le droit d'exécuter ne cessait pas par la mort du créancier; son héritier pouvait directement procéder par voie d'exécution, et c'est cette double règle que l'on exprimait par cet adage : « Le mort exécute le vif; mais le vif n'exécute pas le mort. »

Le projet de la commission reproduisait l'ancienne doctrine; mais il fut vivement combattu par le Tribunat qui parvint à le faire rejeter et à y substituer notre article 877. « Les titres exécutoires contre le défunt sont pareillement exécutoires contre l'héritier personnellement; et néanmoins les créanciers ne pourront en poursuivre l'exécution que huit jours après la signification de ces titres à la personne ou au domicile de l'héritier. « Ainsi le créancier n'a plus besoin d'obtenir un nouveau jugement contre l'héritier : « Cette formalité, disait fort justement l'orateur du gouvernement, ne servait qu'à occasionner des frais, à multiplier les procès, à fournir au débiteur de mauvaise foi des exceptions de forme pour éluder le payement; opposée d'ailleurs au principe que l'héritier représente le défunt, succède à tous ses droits actifs et passifs, et à cet autre principe également irrécusable qu'un titre authentique ne peut être altéré par l'événement du décès du débiteur. » Mais comme en fait l'héritier pouvait ignorer l'existence des dettes et des titres exécutoires, et qu'il n'était pas possible de permettre au créancier de fondre sur lui à l'improviste, la loi pourvoit à ce nouveau danger en exigeant la signification de ces titres huit jours avant le commencement de l'exécution.

La généralité des termes de l'art. 877 comporte néanmoins quelques exceptions. Ainsi les titres obtenus contre le défunt ne sont exécutoires contre l'héritier qu'en ce qui concerne les biens ; la contrainte par corps est restreinte aux parties contractantes et ne passe point à leurs héritiers. *Ob æs alienum servire liberos creditoribus jura compelli non patiuntur*, l. 12, Code, *De obligat*. Ce moyen violent et exceptionnel de contrainte a un caractère pénal qui ne permet pas de le déclarer transmissible aux héritiers en vertu d'une fiction ; la loi elle même le défend. (Loi du 17 avril 1832, art. 2.)

Même en ce qui concerne les biens, je ne pense pas que le titre qui emportait hypothèque générale sur les biens présents et à venir du défunt, un jugement par exemple, emporte la même hypothèque *de plano* sur les biens de l'héritier. On l'a dit cependant, mais l'opinion contraire qui est du reste généralement admise, me paraît préférable. C'était constant dans l'ancienne jurisprudence : *générale hypothèque de tous biens comprend les présents et a venir*, disait Loysel, *et non ceux des hoirs* ; et plus anciennement Bartole avait dit : *Obligatio facta a defuncto non porrigitur ad bona ejus heredis*. Le Code semble bien avoir consacré la même opinion, art. 2122, 2123, 2148, 2149, car l'art. 877 n'est relatif qu'aux poursuites d'exécution, et telle n'est pas la question de savoir si un créancier doit jouir d'une hypothèque générale. (Troplong, *Hypoth.*, 2, n° 390 ; Demol., *Success.*, 5, n° 62.)

La seconde partie de l'art. 877 a fait naître aussi quelques difficultés. Il dispose que l'exécution ne pourra être poursuivie que huit jours après la signification des titres à la personne ou au domicile de l'héritier. Cette signification ne saurait être suppléé par la connaissance que l'héritier aurait du titre d'une autre manière (Pau, 3 septembre 1829), à moins que l'héritier n'ait reconnu lui-même, dans un acte authentique ou sous seing-privé, avoir reçu communication des titres exécutoires. *Contra*, Angers, 21 mars 1834 (Analog. de l'art. 1690). Les huit jours qu'accorde l'art. 877 doivent être francs, et pendant ces huit jours, aucun acte d'exécution ne peut être fait; mais cette signification n'est pas elle-même un acte d'exécution, ce n'est qu'un préliminaire pour y parvenir. Elle peut donc avoir lieu même pendant les délais pour délibérer, l'héritier n'étant pas forcé de prendre qualité, lorsqu'elle lui est faite. (Paris, 29 décembre 1814).

Je pense aussi que, même pendant ce délai, un commandement à fin de saisie mobilière ou immobilière peut être valablement fait, s'il n'est pas suivi de poursuites dans la huitaine. Cette question implique celle de savoir si le commandement doit être considéré comme un acte d'exécution. On l'a dit, et on en a conclu que s'il était fait avant l'expiration du délai prescrit par l'art. 877, il serait nul, c'est-à-dire que les frais resteraient à la charge du créancier, et que le délai ne courrait point. Il me semble au contraire que si le commandement doit précéder l'exécution, c'est qu'il n'est pas par lui-même un acte d'exécution, et qu'il y a une notable économie de frais à permettre au créancier de réunir dans un même acte le commandement et la signification. La cour d'Angers a jugé dans ce cas que les délais devaient être cumulés et que la saisie ne pouvait avoir lieu que trente-huit jours après le commandement. (Angers, 21 mai 1834, Carré, *Loix de la Proc.*, n° 2003.) Une autre raison qui me paraît devoir trancher la question, c'est qu'il faut bien assurer au créancier le moyen d'interrompre la prescription. Le Code a réglé d'une manière limitative les causes de suspension et d'interruption de la prescription, art. 2242; ni dans les unes ni dans les autres nous ne voyons figurer l'hypothèse de l'art. 877. Quelques arrêts ont pourtant jugé que la signification des titres était interruptive; mais c'est là une doctrine inconciliable avec le texte de l'art. 2242 et ce principe qu'aucun acte extra-judiciaire n'a jamais eu pour effet d'interrompre la prescription. Il faut bien reconnaître alors que le commandement de payer adressé à l'héritier du débiteur avec copie du titre interrompt la prescription, lors même qu'il n'aurait pas été précédé de la signification exigée par l'art. 877, et qu'à ce point de vue il est valable. (Riom, 3 décembre 1844; Req. 22 mars 1832.)

Une dernière question sur l'art. 877, c'est de savoir à qui il est applicable, aux héritiers légitimes seulement ou bien aux autres successeurs universels?

La solution de cette question dépend du parti que l'on adopte sur la nature de la vocation héréditaire des légataires ou des successeurs irréguliers. Les jurisconsultes qui pensent que le Code a maintenu la distinction entre les successeurs aux biens et les successeurs à la personne, restreignent l'application de cet article aux héritiers légitimes, ou du moins ne l'appliquent aux autres classes de successeurs universels que dans la mesure des biens qu'ils recueillent. L'opinion que j'ai défendue plus haut, ne me permet pas de faire ces distinctions, et me conduit à appliquer cette règle sans réserve à tous les successeurs universels.

ARTICLE II.

Du cas où la succession a été acceptée sous bénéfice d'inventaire.

Nous ne voulons pas parler ici de la vente qui doit être faite des immeubles pour payer les créanciers hypothécaires, de l'ordre qui doit être suivi dans leur collocation, ni des difficultés qu'a fait naître l'opposition des art. 806 du Code Napoléon et 991 du Code de procédure ; ceci rentre dans la matière des hypothèques ou du bénéfice d'inventaire. Nous avons vu dans l'article précédent comment les créanciers poursuivent ou exécutent l'héritier qui a accepté purement et simplement ; notre but est de montrer ici comment ils se font payer lorsqu'il n'a accepté que sous bénéfice d'inventaire. Il ne s'agit que des deniers trouvés dans la succession ou obtenus par la vente des meubles ou des immeubles héréditaires ou encore les remboursements opérés par les débiteurs du défunt ; nous examinerons successivement, suivant l'ordre même de la loi, deux cas, celui où il y des créanciers opposants, et celui où il n'y en a pas.

Le premier est réglé par l'art. 808, qui s'exprime ainsi dans son premier alinéa: « S'il y a des créanciers opposants, l'héritier bénéficiaire ne peut payer que dans l'ordre et de la manière réglés par le juge. » Ainsi entre créanciers opposants le prix est distribué par contribution suivant les formalités indiquées au titre de la distribution par contribution (Cod. proc., art. 990), à moins que maîtres de leurs droits les créanciers ne s'entendent tous à l'amiable avec l'héritier bénéficiaire. (Id. art. 656 et 657.) Chaque créancier, d'ailleurs, doit faire opposition individuellement, sans que celle formée par l'un puisse profiter à l'autre; s'il y a eu en même temps des opposants et des non-opposants, ces derniers ne peuvent se prévaloir du droit d'un tiers, et leur condition doit être la même que si ces oppositions formées par d'autres n'existaient pas. Que faut-il entendre par ce mot: opposition? On convient généralement qu'il suffit que les créanciers se soient fait connaître par un acte juridique quelconque, sans qu'il soit besoin d'une notification spéciale, par laquelle le créancier ferait défense à l'héritier de payer en son absence.

La sanction de cette obligation imposée à l'héritier ne consiste pas dans la déchéance du bénéfice d'inventaire; on l'a dit cependant (Chabot, art. 803, n° 25); mais cette doctrine, d'ailleurs presque universellement repoussée, ne me semble pas soutenable. Seulement l'héritier sera personnellement responsable vis-à-vis des créanciers opposants, au mépris desquels le payement aura eu lieu, de réparer le préjudice qu'ils auront souffert. Le préjudice éprouvé ou la privation de l'avantage du dividende que leur aurait procuré une distribution régulière des deniers, seront la mesure de la réparation à laquelle il sera tenu. C'est ce que dit très-nettement et très-justement un remarquable arrêt de la Cour de cassation, rendu sous la présidence de M. Henrion de Pansey : « Attendu que l'héritier bénéficiaire ne peut être déchu de cette qualité qu'autant que les actes par lui faits seraient de nature à le faire déclarer héritier pur et simple ; mais que les payements qu'il a faits à divers créanciers, soit en totalité, soit d'une portion de leurs créances, en les supposant irréguliers, ne seraient que des actes d'une mauvaise administration, dont il serait responsable vis-à-vis des créanciers lésés, sans qu'il pût résulter de là qu'il fût déchu de sa qualité d'héritier bénéficiaire, rejette, etc... 27 décembre 1820. » Et non-seulement l'héritier sera responsable, mais encore les créanciers opposants pourront recourir contre ceux à qui le payement a été fait au mépris de leur opposition et répéter tout ce qu'ils ont obtenu au delà de ce qu'une distribution régulière leur eût accordé. (Zachariæ, 4, p. 258 et suiv.) L'art. 809 fournit en ce sens un argument *a contrario* très-puissant : en n'accordant de recours aux créanciers non opposants que contre les légataires, ce texte reconnaît implicitement que les créanciers opposants jouissent en outre d'un recours contre les créanciers payés à leur détriment.

Ce recours leur appartient directement et personnellement, indépendamment du droit qu'ils ont d'exercer
l'action en répétition de l'indu qui appartient à l'héritier contre les créanciers indûment payés. Il est
manifeste que ceux-ci ont reçu plus qu'ils ne devaient
recevoir, l'héritier responsable envers les opposants
a qualité et intérêt pour exercer une action en répétition contre eux, et c'est cette action dont les opposants peuvent s'emparer, art. 1166, sauf à subir alors
la concurrence des autres créanciers personnels de
l'héritier. (Voy. aussi Pothier, *Succ.*, ch. 3, sect. 3,
art. 2, § 6; Demol., *Succ.* 3, n° 304.) Mais il nous
semble que les art. 808 et 809 combinés établissent
un recours direct et personnel au profit des créanciers
opposants. Ils peuvent aussi invoquer l'art. 1167,
lorsqu'ils se trouvent dans les conditions requises,
c'est-à-dire s'il y a eu fraude et si les autres créanciers ont connu l'opposition.

Par quel laps de temps se prescrit cette action? Si
les créanciers opposants agissent en vertu des art. 1166
et 1167, il nous semble difficile de ne pas appliquer
l'art. 2262, et la prescription trentenaire du droit
commun. Lors au contraire qu'ils exercent ce recours
qui nous paraît résulter de la combinaison des art. 808
et 809, quelques jurisconsultes donnent la même solution (Demol. *loc. sup. citat.*, n° 305.) On a enseigné
à l'inverse que ce recours ne durait que trois ans, à
partir de l'apurement du compte et du payement du
reliquat, conformément à l'art. 809. En effet, a-t-on
dit, les art. 808 et 809 prévoient explicitement ou

tacitement deux cas : celui où il n'y a pas de créanciers opposants, les créanciers retardataires n'ont de
recours alors que contre les légataires; celui où il y a
des créanciers opposants, ceux-ci peuvent recourir
même contre les créanciers indûment payés; mais
dans les deux hypothèses, la loi fixe le même délai,
celui de trois ans. (Aubry et Rau, 4, p. 361, note 36).
Ce système ingénieux a l'avantage de donner une explication naturelle des mots, dans l'un et l'autre cas,
qui commencent le deuxième alinéa de l'art. 809, et à
ce point de vue, j'inclinerais volontiers à l'admettre.

Nous arrivons au second cas prévu par la loi, celui
où il n'y a pas de créanciers opposants. Dans cette
hypothèse, l'héritier bénéficiaire paye les créanciers
et les légataires à mesure qu'ils se présentent. C'était
déjà la décision du droit romain : « *Et eis satisfaciat
qui veniunt creditores.* L'héritier bénéficiaire qui conserve le droit de réclamer ses créances personnelles
contre la succession, peut se payer lui-même; autrement, s'il était forcé d'attendre que toutes les dettes
fussent acquittées, il serait exposé à n'être pas payé du
tout, eût-il même un privilége. (Paris, 25 juin 1809.)

Lorsque le créancier ne se présente qu'après l'apurement du compte, il ne peut exercer de recours ni
contre l'héritier qui en payant les créanciers et légataires à mesure qu'ils se présentaient, n'a fait que se
conformer aux prescriptions de la loi, ni contre les
créanciers eux-mêmes qui ont été légitimement payés.

Mais il pourrait s'adresser aux légataires ; comme il
ne s'agit pour eux que de faire un bénéfice, la loi leur

préfère le créancier. Toutefois la durée de ce recours est limitée à trois ans qui commencent du jour du payement du reliquat. La loi dit bien : de l'apurement du compte et du payement du reliquat ; mais c'est qu'elle a évidemment supposé que les deux opérations auraient lieu en même temps, et je ne saurais admettre, avec quelques auteurs, qu'un légataire qui a reçu son legs depuis plus de trois ans, ne pourrait pas être poursuivi lors même qu'il resterait un reliquat entre les mains de l'héritier. Cette idée, qui avait été proposée dans le projet du Code de l'an VIII, n'a pas été admise par le législateur de 1804, et ne peut pas se concilier avec l'art. 809 dont les termes sont parfaitement clairs. On a aussi donné une explication ingénieuse de cette courte prescription de trois ans : on a dit que les biens de la succession bénéficiaire formaient le gage des créanciers, à ce point qu'on avait pu les considérer presque comme leur appartenant, les légataires ont donc reçu ce qui appartenait aux créanciers, et l'action de ceux-ci se trouve fondée pour ainsi dire sur une idée de revendication ; c'est pourquoi elle est limitée à trois ans, terme ordinaire de la revendication des choses mobilières, lorsqu'elle est admise contre des tiers de bonne foi, art. 2279 (Demante, III, n° 133 *bis*). Cette explication me paraît trop subtile pour qu'elle se soit présentée à l'esprit du législateur, et il me semble plus probable qu'il a cherché tout simplement à ne pas laisser les légataires indéfiniment exposés à l'action des créanciers.

Il va sans dire que le créancier qui se présente avant

l'apurement du compte et le payement du reliquat, si ce reliquat ne suffit pas à le désintéresser, peut recourir contre les légataires ; mais le pourra-t-il aussi contre les créanciers payés avant lui? La question est vivement débattue.

Dans le sens de l'affirmative, on argumente *a contrario* de l'art. 809. La loi parle successivement des créanciers qui ne se présentent qu'après l'apurement du compte, et de ceux qui se présentent avant. Les premiers n'ont de recours que contre les légataires ; c'est donc que les seconds peuvent s'adresser aussi aux créanciers. S'ils étaient traités de même, pourquoi la loi eût-elle fait cette distinction? Le projet du Code contenait à cet égard une disposition formelle qui consacrait ce système; elle a disparu de la rédaction définitive, soit par inadvertance. soit plutôt parce qu'on a jugé inutile d'exprimer ce qui ressort tout naturellement du texte et de la formule restrictive de l'art. 809-1°, qui laisse en dehors les créanciers qui se présentent avant l'apurement du compte. La preuve en est dans ces mots : dans l'un et l'autre cas, que le législateur a laissés en tête du second alinéa du même article, et, qui montrent bien que dans sa pensée, il a prévu et réglé différemment deux cas différents. On ajoute que ce système est infiniment plus équitable, que bien souvent, si on ne l'adoptait pas, des créanciers éloignés à qui on ne peut reprocher aucune négligence, se verraient primés par ceux qui, plus rapprochés du lieu où s'est ouverte la succession, se sont empressés de former leur demande, et qu'une préférence injuste serait ainsi le prix de la course.

En ce sens Marcadé, art. 809-2 ; Malpel, n° 235, etc.

L'opinion contraire est cependant plus généralement admise. On répond au système que nous venons d'exposer que si le législateur a supprimé la disposition du projet, ce n'a pas été sans intention, d'autant plus que cette suppression n'a eu lieu que sur les observations de M. Tronchet, et que le texte législatif doit être pris dans sa rédaction définitive. S'il y a eu inadvertance de sa part, c'est bien plutôt lorsqu'il a laissé subsister ces mots : dans l'un et l'autre cas, qui, du reste, peuvent fort bien s'expliquer autrement. (Voy. p. 217.) D'ailleurs, n'est-ce pas se conformer à l'esprit général de notre droit que de décider que les créanciers retardataires ne pourront rien réclamer aux créanciers déjà payés? On peut en fournir plusieurs exemples. Ainsi, en matière de faillite, aux termes de l'art. 503 du Code de commerce, les créanciers retardataires n'ont point de recours à exercer contre les créanciers déjà payés ; ils peuvent seulement prélever sur l'actif non encore réparti les dividendes afférents à leurs créances dans les premières répartitions. Or une succession bénéficiaire ne peut-elle pas, sous bien des rapports, être assimilée à un débiteur failli, art. 2146? On pourrait donc tout au plus accorder ce bénéfice de l'art. 503 aux créanciers retardataires du défunt; encore cette solution pourrait paraître hardie. De même, aux termes de l'art. 2108, le créancier hypothécaire oublié dans le certificat délivré par le conservateur des hypothèques, ne peut s'adresser aux créanciers

désintéressés par l'acquéreur de l'immeuble, sur lequel reposait son hypothèque; il n'a de recours que
contre le conservateur négligent, et il est exposé à
toutes les chances de son insolvabilité. Cependant sa
position semblerait bien plus favorable encore.

En dehors de ces analogies qui ont leur valeur et
sans sortir des textes mêmes qu'on nous oppose, il
semble facile de démontrer que la négative seule est
conforme à la lettre de la loi et aux principes du droit
commun. Aux termes de l'art. 808, l'héritier paye les
créanciers à mesure qu'ils se présentent; ce payement
est donc valable, il doit rester définitif : *Repetitio nulla
est ab eo qui suum recepit.* Pour déroger à cette règle,
il faudrait un texte bien formel; il n'existe que pour
les légataires; donc pour les créanciers, on reste sous
l'empire du droit commun. Quel est le sens de cette
formule restrictive de l'art. 809, dont on argumente
a contrario contre ces principes? Elle signifie tout simplement que les créanciers qui se présentent avant le
payement du reliquat, pourront se faire colloquer sur
ce reliquat, tandis que si tout a été épuisé, ils en seront réduits à s'adresser aux légataires. Et cette différence, en effet, est véritablement la seule qui puisse
exister en droit et en fait ; car l'on ne comprendrait
pas comment cette circonstance insignifiante de l'apurement du compte ou de l'existence d'un reliquat, qui
leur est complétement étrangère, pourrait si profondément modifier leurs droits. On ne saurait considérer
cet événement comme l'échéance d'un délai qui les
forclot, et passé lequel leurs droits se trouvent com-

promis. Ce sont nos adversaires qui, dans ce cas, font l'application maladroite des règles de la faillite, et as-similent le temps variable qui s'écoule jusqu'au paye-ment du reliquat, au délai préfixe pendant lequel, sous peine de déchéance, les créanciers du failli doi-vent produire leurs titres. Telle est la loi, telle elle de-vait être, et elle n'a fait qu'une juste et équitable application de ces maximes : *Jura vigilantibus succur-runt, in pari causa melior est causa possidentis.*

En ce sens Demolombe, *Success.*, 3, n° 325 ; Za-chariæ, Aubry et Rau, 4, p. 259, note 33 ; Cassat., 4 avril 1832.

Lorsque le recours est possible, ce recours devra s'exercer proportionnellement contre chacun de ceux qui y sont soumis. La loi est muette ; mais l'équité et les principes généraux nous paraissent conduire à cette décision.

CHAPITRE V.

DE L'INFLUENCE DE LA SÉPARATION DES PATRIMOINES SUR LA DIVISION ET LE PAYEMENT DES DETTES.

Il n'entre point dans le plan de ce travail de faire une étude approfondie de la séparation des patrimoines; et, d'un autre côté, c'est une matière trop vaste, trop difficile et trop importante pour que l'on puisse la traiter incidemment. Mais la séparation des patrimoines présente, avec le sujet de cette thèse, des rapports si intimes, qu'il n'est pas possible de tracer les règles du payement des dettes dans les successions, sans examiner les modifications que devra y apporter la demande en séparation des patrimoines formée par les créanciers. C'est pourquoi, sans vouloir rechercher par qui et contre qui cette demande peut être faite, en quelle forme elle doit l'être, sous quelles conditions, pendant quel délai, ni sur quels biens, ce qui embrasserait toute une matière, qui déjà, au dire de Lebrun, avait ses difficultés, nous essayerons seulement de déterminer quelle est son influence sur les deux principales conséquences de la transmission héréditaire, savoir : la division des dettes du défunt entre tous ses héritiers, et la confusion des deux pa-

trimoines qui fait des créanciers héréditaires les créanciers personnels de l'héritier, et de ses propres biens
leur gage commun, au même titre et avec les mêmes
droits. Mais la réponse à ces deux questions exige nécessairement la connaissance de la nature même de
ce droit qui appartient aux créanciers du défunt ; et,
malheureusement, la brièveté des textes de notre Code
a fait naître de nombreuses et ardentes controverses,
qui ne sont pas encore terminées, et au milieu des-
quelles il est bien difficile de se frayer une voie sûre.
Formulée à de longs intervalles dans les art. 878-
880 et 2111-2113 du Code Napoléon, la pensée du
législateur n'a peut-être pas été exprimée assez explicitement pour mettre tout à fait hors de doute les développements qu'il a donnés sur ce point aux traditions
de notre ancienne jurisprudence.

J'ai examiné avec quelque étendue, dans la première partie de ce travail, la nature et les caractères de cette institution en droit romain. Le jurisconsulte Paul exprime d'un seul mot toute la théorie
romaine : *Recesserunt a persona heredis.* C'est une
rescision de l'adition d'hérédité qui, à l'égard des
créanciers, est considérée comme non avenue. L'héritier leur est étranger, ils ne le connaissent pas ; ils
n'ont affaire qu'au défunt que cette fiction de droit
fait en quelque sorte revivre. Ainsi aucune confusion :
deux débiteurs, deux patrimoines, deux groupes de
créanciers bien distincts, et aucune relation de l'un à
l'autre. Par une conséquence logique de cette théorie,
le créancier perdait le droit de demander la séparation

de patrimoines lorsque, par une novation, il avait accepté l'héritier comme débiteur ; et c'est aussi en conséquence du même principe que nous avons vu plus haut Paul, et avec lui Ulpien, poussant jusqu'au bout la rigueur de leurs déductions, refuser au créancier la faculté de venir sur les biens propres de l'héritier, même après le désintéressement intégral de ses créanciers personnels. Papinien, il est vrai, professait la doctrine contraire ; mais son opinion, uniquement motivée en équité, se conciliait malaisément avec les principes sur les_, els reposait la théorie romaine de la séparation des patrimoines.

L'ancienne jurisprudence, au contraire, partit du tempérament de Papinien comme d'un principe, au lieu d'y voir une exception. Le jurisconsulte romain, en faisant cette concession à l'équité qui lui paraissait l'exiger, ne contestait pas la rescision de l'adition d'hérédité par l'effet de la séparation des patrimoines. Lebrun, au contraire, faisait remarquer (*Success.*, liv. 4, ch. 1er, section 1re) que la séparation n'est pas capable d'effacer l'adition d'hérédité, et ne sert pas d'exception au principe : *Qui semel heres nunquam desinit esse heres.* L'héritier restait toujours seul et unique débiteur ; la séparation n'agissait que sur les patrimoines et dans les relations des créanciers héréditaires avec ceux de l'héritier. Nos anciens auteurs avaient été amenés à modifier ainsi la théorie romaine, en adoptant le système de Papinien et en essayant de le justifier au point de vue des principes. Car pour permettre au créancier du défunt de se payer sur les biens personnels de l'héritier, il fallait bien admettre que celui-ci restait toujours personnellement débiteur, et que l'adition d'hérédité n'était pas rescindée. C'était bien là, ce semble, le fond de la pensée de Pothier lorsqu'il recherche et développe avec une grande justesse le fondement philosophique de la séparation des patrimoines : « Ce droit, dit-il, *Success.*, ch. 4, art. 5, est tiré de l'édit du préteur et est fondé sur ce principe pris dans la nature des choses, que des créanciers ne peuvent avoir plus de droits sur les biens de leur débiteur que leur débiteur n'en a lui-même ; d'où il suit que l'héritier n'ayant les biens de la succession qu'à la charge d'en acquitter les dettes, les legs et autres charges, les créanciers de cet héritier ne pouvant avoir plus de droit sur ces biens que l'héritier leur débiteur, doivent souffrir que les dettes, les legs et autres charges de ces biens soient acquittés sur ces biens, avant qu'ils puissent se venger dessus. » Et plus loin, après avoir rapporté l'opinion de Papinien dans la controverse des jurisconsultes romains, il ajoutait : « C'est celle à laquelle nous devons nous tenir ; car la séparation de biens introduite en leur faveur (des créanciers héréditaires) ne doit pas être rétorquée contre eux ; en la demandant ils n'ont pas eu l'intention de libérer l'héritier de *l'obligation qu'il a contractée envers eux par l'acceptation de la succession*, mais seulement d'être préférés sur ces biens aux créanciers de l'héritier (*id. ibid.*). » Ainsi la séparation n'est plus comme à Rome une rescision de l'acceptation ; elle est simplement une garantie prise contre l'héritier par

les créanciers héréditaires qui n'entendent aucune-
ment l'affranchir des obligations que l'acceptation lui
impose envers eux ; c'est une cause de préférence sur
certains biens. La conséquence logique de cette nouvelle doctrine eût été d'admettre les créanciers héréditaires sur les biens de l'héritier, non plus subsidiairement comme faisait Papinien, mais en concurrence avec les créanciers personnels de l'héritier.
Pothier, il est vrai, écartait cette conséquence, et se
rattachait complétement à la doctrine de Papinien ; mais
sentant que les principes de droit lui faisaient défaut,
il se réfugiait dans l'équité, et, comme compensation
du droit de préférence accordé aux créanciers sur les
biens héréditaires, il accordait un droit de préférence
analogue aux créanciers personnels de l'héritier sur
ses biens personnels (1). Ainsi il distingue bien encore,
comme en droit romain, deux patrimoines et deux
classes de créanciers ; mais ces patrimoines, quoique
distincts quant à leur origine, appartiennent au même
propriétaire ; et ces créanciers, quoique séparés par
leurs qualités, sont les créanciers d'un débiteur commun. C'est pourquoi l'on a pu dire, avec vérité, que sa
doctrine se rattache, par ses résultats au moins, bien

(1) Pothier et Lebrun enseignaient aussi avec Ulpien que les créanciers
de l'héritier ne peuvent demander la séparation : « licet alicui adjiciendo sibi
creditorem credi toris sui facere deteriorem conditionem. » Pothier approuve cette
raison, mais Domat n'y voyait « qu'une subtilité qui n'a pas été goûtée dans
notre usage, » liv. 3, tit. 2, § 1 préambule. Le président Esplard, annotateur
de Lebrun, atteste que l'opinion de Domat, était reçue en pratique dans le
parlement de Paris, et dans les ressorts de plusieurs autres parlements.
Pothier le reconnaît, *Success.*, ch. 5, art. 4, *in fine*, et plus explicitement,
Cout. d'Orléans, tit. 17.

plus au régime des priviléges et hypothèques qu'au régime de la séparation proprement dite. (Mourlon, *Exam. crit.*, p. 881).

Le droit intermédiaire laissa les choses en l'état: il n'en est parlé, je crois, que dans la loi de brumaire, qui déclarait s'en référer aux lois antérieures, et nous nous trouvons en face du Code Napoléon. Qu'a fait le législateur moderne? A-t-il ressuscité l'ancienne théorie romaine? A-t-il reproduit sans y rien chan-ger la doctrine de Pothier, ou bien encore développ-ant les germes qu'elle contenait, a-t-il fait de la séparation des patrimoines un véritable privilége? Chacun de ces systèmes a eu ses représentants.

Le premier consiste à dire que la séparation des patrimoines a dans notre droit les mêmes caractères qu'en droit romain. Les créanciers qui la demandent n'acceptent point l'héritier pour débiteur, *recesserunt a persona heredis;* dès lors les biens comme la personne de l'héritier sont à l'abri de toute atteinte de leur part; à quel titre en effet pourraient-ils y prétendre? Ce système s'appuie sur l'art. 879, qui dispose que ce droit ne peut plus être exercé, lorsqu'il y a novation dans la créance par l'acceptation de l'héritier pour débiteur; donc le droit de séparation est incompatible avec l'obligation personnelle de l'héritier. (Bugnet sur Pothier, tom. 8, p. 221.)

Cette théorie est la reproduction pure et simple du système de Paul et d'Ulpien, auquel l'art. 879 a été emprunté, et dont elle admet toutes les conséquences. Marcadé a dit que cette doctrine n'avait jamais été enseignée par aucun auteur français ; peut-être a-t-il raison pour l'ancien droit, mais depuis le Code il a tort d'oublier le jurisconsulte éminent qui y a attaché l'autorité de son nom ; il faut reconnaître néanmoins qu'elle a toujours compté peu de partisans, et à la vérité elle ne semble guère acceptable. C'est qu'elle conduirait en effet, à des conséquences inadmissibles; il faudrait dire que la séparation efface dans les rapports des créanciers héréditaires avec l'héritier, tous les effets de la saisine, qu'il cesse d'être propriétaire et administrateur des biens du défunt, et alors à qui les confier pour les administrer et les faire vendre ? L'édit du préteur y pourvoyait à Rome, mais notre Code est muet. Ne pourrait-on pas d'ailleurs ajouter avec Pothier, que ce bénéfice, introduit en faveur des créanciers, ne peut pas être rétorqué contre eux, et que si l'héritier veut se soustraire aux conséquences de son obligation personnelle sur ses propres biens, il n'a qu'un moyen, c'est le bénéfice d'inventaire. Reste l'art. 879, mais il convient de remarquer qu'il a été presque textuellement emprunté à nos anciens auteurs, tous unanimes à repousser le système que je combats. Ils avaient eux-mêmes pris cette maxime d'Ulpien, au système duquel elle était parfaitement concordante, pour le transporter dans le leur, où elle trouvait plus difficilement sa place. C'est là que le Code l'a recueillie pour la faire passer dans la loi nouvelle où elle n'est guère mieux placée ; on peut l'expliquer toutefois, en disant que la qualité de créancier du défunt, à l'effet d'être payé par préférence sur ses biens, n'est pas incompatible avec celle de créancier personnel de l'héritier ; mais pour réclamer ce privilége, il ne faut pas que le créancier ait accepté sans réserve la confusion, qui ferait disparaître la distinction. Le mot : novation n'est pas employé par l'art. 879 dans son acception ordinaire, dans le sens de l'art. 1271 ; ce n'est pas la novation proprement dite d'où résulterait l'extinction de la première créance avec tous ses accessoires. La preuve en est dans ces mots qui suivent dans le texte, par l'acceptation de l'héritier pour débiteur, et la Cour de cassation a jugé avec raison que des faits insuffisants pour opérer novation dans le sens de l'art 1271, pouvaient très-bien entraîner pour le créancier déchéance du droit de demander la séparation des patrimoines. La novation dont parle l'art. 879 est une novation *sui generis*, d'où résulte simplement cette situation nouvelle pour le créancier qu'il ne peut plus user du bénéfice de la loi (Cass. 3 février 1857, Demolombe, *Success.*, t. 5, n° 157). Le mot de novation avait été employé dans ce sens, un peu détourné par les vieux auteurs ; le Code l'a répété, sans y attacher un autre sens, autrement, il faudrait, si l'on voulait voir là une novation extinctive d'une obligation primitive avec tous ses accessoires, et créatrice d'une obligation nouvelle, il faudrait aller jusqu'à dire que dans toutes les transmissions héréditaires, qu'il y ait séparation ou non, lorsque le créancier accepte l'héritier pour débiteur, la créance originaire qu'il avait contre le défunt s'éteint avec tous ses accessoires par l'effet de

cette novation, et se transforme en une créance nouvelle contre l'héritier, tandis qu'il est de principe que
c'est la même dette qui passe de la tête du défunt
sur celle de l'héritier. (Voy. une autre explication,
infrà, p. 240 et suiv., qui me semble préférable.)

Une seconde opinion pense que le Code a reproduit
purement et simplement la doctrine de Pothier; elle
enseigne, ce qui nous semble d'ailleurs incontestable,
que pas plus aujourd'hui qu'autrefois, la séparation n'a
pour effet d'effacer l'acceptation de la succession ;
qu'elle constitue seulement une cause de préférence en
faveur des créanciers héréditaires; qu'il y a bien deux
ordres de créanciers, deux patrimoines, mais qu'il n'y
a qu'un seul débiteur. Toutefois si, dans cette opinion,
tout le monde est d'accord sur la nature de la séparation, il n'en est pas de même quand il s'agit de déterminer ses effets. Une opinion très-accréditée enseigne
que non-seulement le créancier du défunt que les biens
de la succession n'ont pas suffi a désintéresser, peut,
suivant l'expression de Pothier, se venger sur les biens
de l'héritier, mais même qu'il y sera admis conformément au droit commun, c'est-à-dire en concours et au
marc le franc avec ses créanciers chirographaires.

En effet, a-t-on dit, l'héritier, en acceptant purement et simplement une succession qui lui est échue,
s'oblige personnellement envers les créanciers du défunt, et par conséquent ses biens personnels se trouvent obligés envers ceux-ci tout aussi bien qu'ils le
sont envers ses créanciers personnels. L'art. 878 ne
déroge pas à ce principe; il a voulu simplement con-

server aux créanciers héréditaires un droit de préférence sur les biens de leur débiteur, mais rien n'indique qu'il ait voulu leur enlever les avantages du droit commun. Aucun texte n'y fait exception; c'est lui qui doit régir la situation. (Chabot, art. 878, Zachariæ, Aubry et Rau, 4, p. 342.) Toullier, 4, n° 548, donne la même décision, en se contentant d'ajouter que le droit romain n'a plus force de loi; mais il semble le regretter en disant que le système de réciprocité lui paraît assez équitable. On pourrait dire avec le président Nicias-Gaillard, *Rev. crit. de législ.*, t. 8, p. 205 : « Comme si en une telle matière, l'équité suffisait et qu'on admît la réciproque! » — « Mais cette réciprocité n'a pas de base, reprend Chabot, *loc. cit.*, elle ne porte que sur une fausse supposition. On n'enlève aux créanciers personnels de l'héritier aucun droit réel, et conséquemment on ne leur fait légalement aucun tort, en donnant aux créanciers du défunt la préférence sur les biens héréditaires, puisqu'en équité naturelle, comme en principe de droit, les créanciers personnels de l'héritier ne peuvent avoir sur la succession qui lui est échue plus de droits qu'il n'en a lui-même, et qu'il n'a de droits que sur ce qui reste dans la succession, déduction faite des dettes et charges; mais au contraire, on enlèverait aux créanciers du défunt les droits réels qui leur sont acquis sur les biens personnels de l'héritier si l'on donnait la préférence sur ces biens aux créanciers de l'héritier, quoique ceux-ci n'eussent aucune cause légitime de préférence soit par privilége, soit par hypothèque, et l'on violerait ainsi formellement les art. 2093 et 2094. » D'ailleurs l'art. 881 montre bien que l'on ne saurait conclure des créanciers du défunt aux créanciers personnels, sans quoi il eût fallu, comme le voulait Domat par cette même raison de réciprocité, accorder aussi à ces derniers le droit de demander la séparation des patrimoines.

Une autre opinion enseigne que, sauf le délai dans lequel elle doit être demandée relativement aux meubles, et la formalité de l'inscription à laquelle elle est subordonnée quant aux immeubles, la séparation des patrimoines est restée dans le Code Napoléon ce qu'elle était dans l'opinion de Pothier. Ainsi l'héritier nonobstant la séparation, demeure administrateur et propriétaire des biens de la succession, et personnellement débiteur par l'effet de l'acceptation vis-à-vis des créanciers héréditaires. Toutefois ceux ci ne peuvent agir sur ses biens particuliers que subsidiairement, c'est-à-dire sur ce qui en reste après ses dettes payées. Car, au regard de leurs créanciers respectifs, le patrimoine du défunt et celui de l'héritier sont séparés, c'est-à-dire réputés appartenir à deux débiteurs différents, les choses doivent se passer comme si le défunt vivait encore. La séparation d'ailleurs ne porte aucune atteinte aux relations des créanciers héréditaires et des légataires entre eux, lors même que les uns ont pris leur inscription dans les six mois, tandis que les autres ne se sont inscrits qu'après l'expiration du délai de six mois, et sont par conséquent primés par les créanciers hypothécaires de l'héritier. La séparation n'apporte non plus aucun obstacle à la divisibilité des legs et des dettes et ne donne aucun droit de suite (Marcadé, art. 878 et 881).

L'un des partisans de cette doctrine (Mourlon, *Exam. crit.*, n° 305) déclare qu'il n'examine pas si elle est ou non en concordance parfaite avec les règles du pur droit ; mais c'était celle de Pothier, et rien n'indique que le Code ait voulu innover. Le législateur nouveau s'est borné à reproduire purement et simplement l'opinion du grand jurisconsulte, à la même place et sans y rien changer : à part l'art. 880 qui limite à trois ans le temps pendant lequel la séparation peut être demandée quant aux meubles, innovation que les rédacteurs ont pris soin d'exprimer formellement et avec détails, les art. 878 à 880 sont copiés dans Pothier. Qu'en conclure donc sinon qu'ils ont voulu jusqu'au bout suivre celui qu'ils prenaient pour guide? Il est vrai que Pothier s'expliquait sur les effets de la séparation des patrimoines tandis que le Code est muet : mais son silence n'est-il pas la preuve qu'il n'entendait rien changer à ce qui s'était pratiqué jusqu'alors? C'est ce que M. Portalis faisait remarquer au conseil d'État, et rien n'indique que la loi nouvelle ait voulu abroger la loi antérieure dont elle reproduisait toutes les autres dispositions. Il n'est pas vrai que la séparation des patrimoines ait changé de nature au titre des privilèges et hypothèques. Si la loi en a parlé à cet endroit, c'est qu'elle entendait soumettre l'exercice de ce droit à la formalité de l'inscription : il y avait là un droit opposable aux tiers, et quand elle le vit laissé de côté par l'art. 14 de la loi de brumaire, il dut lui sembler rationnel de le rendre public, et c'est ce qui fit écrire les art. 2111 et 2113. Mais ce n'est là qu'une mesure de forme qui n'a pu en aucune façon modifier le droit réglementé par les art. 878 et suivants, conformément à la doctrine de Pothier.

Il ne faut pas davantage s'arrêter au mot privilége dont se sert l'art. 2111, et qui n'est pas pris ici dans son sens propre. Les anciens auteurs l'avaient également employé par mégarde; il n'a pas, dans la langue du droit, une signification assez bien définie pour que de ce mot, jeté par hasard dans un article qui a trait à la mise en action du droit plutôt qu'à sa nature même, on puisse faire sortir un système sans précédents et que repoussent toutes les traditions de notre ancienne jurisprudence. Enfin, pour arriver à exclure les créanciers héréditaires des biens de l'héritier tant que ses propres créanciers ne sont pas payés, on fait valoir cet argument d'équité et de réciprocité que Pothier déjà invoquait, pour appuyer l'opinion de Papinien. (Marcadé, *loc. cit.* Mourlon, *id.*)

Aucun des systèmes que nous venons d'exposer ne nous paraît répondre à la véritable pensée de la loi; les arguments sur lesquels on prétend les fonder ne résistent pas à un examen sérieux, et nous croyons pouvoir établir, avec les textes du Code Napoléon et avec les nouveaux principes qui, de l'aveu de tous, régissent aujourd'hui la matière, que la séparation des patrimoines forme, dans notre droit, un véritable privilége soumis, dans son exercice, à l'accomplissement de la formalité de l'inscription, et entraînant sur les biens qu'il frappe, non-seulement un droit de préférence, mais même un droit de suite, qui n'enlève pas aux créanciers privilégiés, c'est-à-dire aux créanciers héréditaires, la faculté de venir sur les biens de l'héritier concurremment avec ses propres créanciers. Nous réservons la question de l'indivisibilité.

Nous avons établi plus haut, de manière à être dispensé d'y revenir, comment la séparation des patrimoines avait changé de nature en passant du droit romain dans notre ancienne jurisprudence. Il faut tenir pour certain que, par la séparation des patrimoines, l'héritier ne cesse pas d'être débiteur, les créanciers héréditaires ne cessent pas d'être créanciers de l'héritier, qu'en un mot elle n'efface pas l'obligation qui résulte de l'acceptation de la succession. Pothier nous en a donné les raisons, et ce point n'est aujourd'hui contesté par personne (excepté toutefois dans l'opinion peu suivie que nous avons exposée en première ligne). En tout cas, l'art. 878 qui porte que la séparation est demandée non plus comme en droit romain contre l'héritier lui-même, mais contre ses créanciers, suffit à lui seul pour mettre la chose hors de discussion. Mais si les créanciers héréditaires restent toujours les créanciers de l'héritier, le droit qu'ils ont de s'attribuer exclusivement les biens du défunt à l'égard de tous autres créanciers, constitue purement et simplement une cause de préférence. Or la loi ne reconnaît que deux causes de préférence, art. 2094, le privilége ou l'hypothèque. Il faut donc que la séparation des patrimoines soit l'un ou l'autre. Ainsi par la conséquence naturelle des principes, sans avoir consulté aucun texte, nous nous trouvons invinciblement conduits à ce résultat. Car si, par la transmission héréditaire, le patrimoine du défunt est devenu le patrimoine de l'héritier, et les créanciers du défunt, créanciers de l'héritier, si, en un mot, il n'y a plus qu'un seul débiteur, lorsque certains créanciers de ce débiteur, ceux qui tiennent leurs droits du défunt, demandent ce que, pour des raisons particulières à la procédure romaine, on appelle encore séparation des patrimoines, en réalité n'obtiennent-ils pas le droit d'être préférés à ses autres créanciers sur les biens qui lui viennent du défunt, et n'y a-t-il pas là un véritable privilége? C'est ce que le Code Napoléon dispose en termes exprès quand il nous dit (art. 2111 et 2113) que la séparation des patrimoines est un privilége qui se conserve par une inscription prise dans les six mois depuis le décès du *de cujus* et passé ce délai, dégénère en une simple hypothèque qui n'a de rang qu'à sa date. Dès lors, il faut lui appliquer le droit commun des priviléges, droit de préférence sur les biens héréditaires quand ils sont aux mains de l'héritier, droit de suite s'il les aliène, et droit de concours sur ses autres biens avec ses autres créanciers.

Cet argument est décisif, et les réponses qu'on a essayé d'y faire trahissent l'embarras des adversaires. On nous dit que le mot est impropre, que l'on n'en peut rapporter d'autre raison sinon que ce droit est soumis à des conditions de publicité, à une inscription comme les priviléges, tout en reconnaissant que cela ne peut excuser le législateur qui, dans la rédaction des lois, devrait peser les expressions avec assez de mesure pour ne jamais se servir de termes impropres et sujets à équivoque. (Troplong, *Priv. et hyp.*, t. 1, n° 323.) En vérité, il est trop commode, pour faire triompher une opinion personnelle, d'adresser au législateur de pareils reproches, et de se débarrasser ainsi d'un texte qui gêne. Il n'y a pas peut-être, dans la langue du droit, de mot dont le sens soit plus nettement déterminé que celui de privilége, et s'il pouvait rester quelque obscurité, ne serait-elle pas levée par la place qu'occupe dans le Code l'art. 2111 au titre même des Priviléges et hypothèques, lorsqu'il s'agit précisément d'assujettir la séparation des patrimoines à cette formalité de l'inscription qui, dans le système du Code, ne s'applique qu'aux priviléges immobiliers et aux hypothèques, lorsqu'il oppose le *privilége* des créanciers du défunt à l'*hypothèque* que les créanciers de l'héritier auraient pu obtenir. « Oui certes, s'écrie M. Demolombe, *Success.*, t. 5, n° 209, le législateur serait inexcusable! mais est-il vrai qu'il mérite ce reproche? Et a-t-on bien raison de l'accuser de s'être servi d'un terme équivoque? Quand, en présence d'un texte aussi formel, on vient prétendre que le législateur s'est trompé, et que ce n'est pas là un privilége, notre avis est que l'on viole de la façon la plus manifeste le texte même de la loi! » Et pourrait-on dire que ce droit n'est pas un véritable privilége, lorsqu'on le voit se transformer par l'effet d'une inscription tardive, en une hypothèque?

On invoque contre ce système les traditions de l'ancienne jurisprudence ; l'opinion de Pothier, renouvelée de Papinien, était alors universellement admise, et rien dans la rédaction du Code n'indique qu'il ait voulu l'abandonner. On prétend que cette objection tire une nouvelle force du rapprochement des art. 878-881 avec le texte de Pothier auxquels ils sont littéralement empruntés. Mais on est bien forcé de convenir que ces articles ne s'expliquent pas sur les effets et la nature de la séparation, et ce silence est d'autant plus remarquable que Pothier, immédiatement après les passages que le Code a reproduits, exposait la théorie de Papinien. Il est bien plus significatif encore, si l'on observe que la théorie nouvelle du Code Napoléon, suspendue au titre des Successions, se développe et s'achève dans l'art. 2111 au titre des Priviléges et hypothèques. On oublie donc cet article quand on nousdit que rien n'indique la volonté d'innover; était-il possible, par la rédaction et la place de ce texte, d'en annoncer plus formellement l'intention? On objecte que l'art. 2103 ne parle pas de ce nouveau privilége, et que l'art. 2111 n'en traite qu'incidemment au point de vue de la formalité de l'inscription. Cette argumentation ne prouve rien parce qu'elle prouve trop. En voici la démonstration : l'art. 2103-3° ne dit rien du prix de licitation que l'un des cohéritiers peut devoir à ses copartageants; de son côté l'art. 2109 qui leur accorde un délai de faveur pour faire inscrire leurs priviléges pour les soultes ou pour le prix de licitation, ne parle point de la garantie en cas d'éviction. Si l'argument qu'on nous oppose était sérieux, il faudrait dire : L'art. 2103 ne mentionne pas, parmi les créances privilégiées, les droits qu'une licitation peut faire naître entre les copartageants; ces droits ne sont donc pas privilégiés. L'art. 2109 ne comprend pas dans le délai de faveur qu'il organise le privilége pour la garantie des lots; ce privilége reste donc soumis au droit commun. Pourtant ces solutions sont universellement repoussées, et l'on s'accorde à ne voir dans cet oubli qu'une lacune involontaire et insignifiante que le bon sens doit suppléer : « Ces articles, nous dit M. Troplong lui-même, contiennent des omissions, comme on en trouve beaucoup dans le texte des lois : il faut par conséquent les expliquer ou plutôt les compléter l'un par l'autre » *id.*, n° 291. C'est là précisément ce que nous faisons, et nous avons bien le droit sans doute de conclure à notre tour que l'énumération de l'art. 2103 n'est point limitative, qu'il faut le compléter par l'art. 2111, et que ce droit de séparation des patrimoines, bien manifestement compris dans la généralité des termes de l'art. 2112, qui, suivant l'art. 2113, peut dégénérer en hypothèque, est et ne peut être qu'un privilége.

Quant à l'art. 879, il n'est pas moins embarrassant pour les partisans de la doctrine de Pothier que pour nous. Si on le prenait dans le sens littéral, il faudrait dire que la séparation des patrimoines rescinde l'acceptation de la succession, ce que presque personne n'admet, et avec grande raison selon nous; à la vérité, il ne se comprend bien que dans le système abandonné de Paul et d'Ulpien. Nous en avons déjà donné une explication généralement reçue, qui paraît avoir été consacrée par la Cour de cassation, et qui consiste à dire que le mot de novation n'est pas ici employé dans son acception rigoureuse. Nous reconnaissons tout ce que cette interprétation a d'embarrassé et de peu satisfaisant, tout en faisant remarquer qu'elle est aussi gênante, plus gênante même pour les partisans de la doctrine de Pothier que pour nous. Nous pouvons dire, en effet, que cet article 879 a été abrogé postérieurement par l'art. 2111, de même qu'on a dit, dans notre système, qu'il avait fait disparaître la seconde disposition de l'art. 880. Mais on en a proposé une autre explication qui me paraît, quant à moi, très-acceptable ; c'est de dire qu'il suppose le cas où un créancier de la succession fait avec l'héritier novation de sa créance contre le défunt. La créance primitive, qui avait pris naissance contre le défunt, se trouve éteinte et remplacée par une créance qui naît à la charge de l'héritier. Il y a bien alors, et dans le sens strict du mot, novation de la créance contre le défunt par l'acceptation de l'héritier pour débiteur. Le créancier qui a consenti pareille opération n'est pas créancier du défunt, mais simplement créancier de l'héritier ; il ne peut donc invoquer les droits attachés à la qualité de créancier du défunt (Genty, *Rev. de législ.*, tome 8, p. 352). Cette explication s'accorde à merveille avec notre système, que je considère comme le seul légal. Lorsqu'un créancier privilégié fait novation de sa créance, il perd son privilége (art. 1278); donc, lorsqu'un créancier du défunt fera novation de sa créance primitive avec l'héritier, il ne pourra plus demander la séparation des patrimoines; mais un créancier privilégié n'encourt aucune déchéance pour demander son payement sur ceux des biens du débiteur sur lesquels il n'a pas d'action privilégiée; le créancier du défunt pourra donc se venger, suivant l'expression de Pothier, sur les biens de l'héritier, et au marc le franc avec ses propres créanciers.

Quels sont donc les motifs que l'on fait valoir, dans le système que je combats, pour consacrer cette exception aux principes, et exclure les créanciers héréditaires de ce concours? Je laisse de côté cette prétendue raison d'équité, la seule que donnât Pothier, et à laquelle j'ai déjà et longuement répondu. Le Code n'a pas cru que l'équité exigeât cette réciprocité; sans cela il eût adopté, au lieu de le proscrire dans l'art. 881, le système de Domat et d'une notable portion de l'ancienne jurisprudence, qui accordait aux créanciers de l'héritier le droit de demander la séparation des patrimoines. On s'appuie encore sur ce mot de séparation des patrimoines, sur le sens qu'il avait en droit romain, et l'on nous dit que les créanciers auteurs de cette séparation ne sauraient être admis à agir comme s'il y avait confusion. Il suffit de faire observer que le mot séparation signifie aujourd'hui cause de préférence, privilége, c'est le terme dont se sert l'art. 2111, sur certains biens; or, peut-il en résulter que les créanciers non privilégiés sur ces biens, le deviennent sur les autres ? Il faut bien pourtant que nos adversaires reconnaissent que, dans leur système, certains créanciers, ceux de l'héritier, vont être à leur tour préférés sur certains biens, ses biens personnels. Qu'est-ce qu'une cause de préférence qui n'est pas un privilége ou une hypothèque, et où est la loi qui accorde une hypothèque ou un privilége aux créanciers de l'héritier ?

Les principes que nous venons d'établir démontrent en même temps que la séparation des patrimoines confère aux créanciers qui en jouissent, un droit de suite sur les biens qu'elle frappe. Cela résulte invinciblement de la combinaison des art. 2111, 2166 et 2185. Les acquéreurs sont eux aussi des ayants cause de l'héritier, ils ne sauraient avoir plus de droit que lui. On est bien forcé de convenir que l'héritier ne peut plus hypothéquer les immeubles héréditaires du défunt, même au préjudice des créanciers chirographaires, ce qui était très-certainement permis au défunt, et ce qui montre bien, d'abord que l'héritier a moins de droits que le défunt lui-même, ensuite combien il serait étrange qu'il pût anéantir le gage des créanciers par une aliénation, alors qu'il lui est interdit de le diminuer par une hypothèque. Seulement ce droit de suite reste subordonné à la formalité de l'inscription, et l'inscription ne peut plus être utilement prise après la transcription, conformément au principe de l'art. 6 de la loi du 21 mars 1855 qui n'a pas fait d'exception pour la séparation des patrimoines.

Ce système a de plus l'avantage de régler d'une

manière très-simple les cas où plusieurs inscriptions ont été prises à différentes époques par des créanciers de l'héritier ou du défunt ; il suffit d'appliquer les principes généraux du régime hypothécaire. Prises dans les six mois, toutes les inscriptions se valent et conservent à ceux qui les font les mêmes droits privilégiés ; passé ce délai, qu'elles soient prises par des créanciers du défunt ou des créanciers de l'héritier, elles n'ont plus rang qu'à leur date. On nous objecte que la séparation ne doit pas modifier les ra ports des créanciers héréditaires entre eux, et l'art. 2111 nous dit expressément qu'ils conservent leur privilége à l'égard des créanciers de l'héritier.... Il est facile de répondre que l'art. 2111 s'est placé dans l'hypothèse où tous les créanciers héréditaires se sont inscrits dans les six mois, tandis que nous supposons que quelques-uns ont laissé passer ce délai, et ils tombent ainsi sous l'application de l'art. 2113. D'ailleurs quand la loi accorde à une masse de créanciers un privilége de même qualité, sans doute ils concourront tous entre eux, art. 2097, mais à la condition qu'ils aient satisfait aux prescriptions de la loi pour la conservation de leur privilége. Si au contraire, les uns ont pris ce soin, les autres l'ont négligé, la règle : *Jura vigilantibus subveniunt,* ne permet pas que leur situation soit égale. La loi transforme alors le privilége en une simple hypothèque qui ne vient qu'en seconde ligne. C'est ce que tout le monde admet dans le cas où, de deux copartageants créanciers d'une soulte au même titre, l'un s'inscrit dans les soixante jours du partage, et l'autre laisse écouler ce délai. Pourquoi n'en serait-il pas de même au cas de séparation des patrimoines? ce n'est pas la loi qui modifie leurs rapports respectifs, c'est la diligence des uns, l'incurie des autres, et rien n'est plus équitable. Dans toutes ces hypothèses, au contraire, le système contraire arrive à des solutions inconciliables avec le principe nouveau que le bénéfice de la séparation, au lieu d'être collectif comme en droit romain, n'est plus qu'individuel aujourd'hui, et que par conséquent l'inscription prise par un créancier héréditaire ne doit profiter qu'à lui. Il pourra se faire qu'un créancier diligent qui a mis une certaine somme à couvert des créanciers de l'héritier, la voie partagée ou même entièrement enlevée par un cocréancier héréditaire qui n'avait pas pris inscription dans les six mois, et naturellement chaque créancier sera porté à exagérer le chiffre de son inscription, ce qui sera désastreux pour le crédit de l'héritier. On a imaginé, pour répondre à ces difficultés, différents modes de calcul très-compliqués, peu satisfaisants, dont l'examen nous conduirait trop loin. Car nous ne recherchons ici à déterminer l'influence de la séparation des patrimoines qu'au point de vue des biens sur lesquels les dettes héréditaires seront payées, et de l'obligation de l'héritier sur ses biens personnels.

Mais voici une autre difficulté à laquelle il ne me semble pas qu'on ait répondu. Ceux qui admettent que les créanciers de l'héritier ont le droit d'être préférés sur ses biens propres aux créanciers héréditaires doivent bien reconnaître avec Domat que ce droit n'appartiendrait qu'à ceux dont la créance serait antérieure à l'ouverture ou au moins à l'acceptation de la succession ; car s'il était vrai que l'héritier ne peut pas, en acceptant, donner sur ses propres biens le même droit aux créanciers du défunt qu'à ses propres créanciers, du moins il peut toujours leur donner le même droit qu'à ceux avec qui il contractera plus tard. Or sur quoi se fonder pour établir une ligne de démarcation entre les créanciers chirographaires du défunt ? le plus récent n'a-t-il pas autant de droit que le plus ancien ? Ne voit-on pas qu'on introduit, au mépris de la loi, un privilége en faveur des créanciers antérieurs contre les créanciers postérieurs, privilége occulte et auquel le législateur n'avait jamais pensé ? Les créanciers héréditaires ont certainement autant de droits sur les biens de l'héritier que les créanciers postérieurs à l'acceptation, et concourent avec eux ; or ces créanciers postérieurs à l'acceptation ont certainement aussi autant de droits que les créanciers antérieurs ; c'est donc que ceux-ci doivent subir le concours des créanciers héréditaires. Non-seulement cette distinction des créanciers antérieurs ou postérieurs à l'acceptation à laquelle sont conduits les adversaires, est impossible en droit ; en fait elle serait inapplicable. Les créanciers héréditaires, par la mort même du défunt, ont tous date certaine, art. 1328 ; les créanciers antérieurs à l'acceptation ne pourraient invoquer ce prétendu droit de préférence qu'à la condition d'avoir eux aussi date certaine ; or ne voyez-vous pas que beaucoup d'entre eux seront ainsi relégués dans la catégorie des créanciers moins favorisés? et, si on ne l'exige pas, rien ne sera plus facile à l'héritier, au moyen d'engagements antidatés, que d'empêcher les créanciers héréditaires de venir jamais sur ses biens personnels, sans leur donner les garanties que comporte le bénéfice d'inventaire. (Genty, *loc. cit.*)

Ainsi nous nous demandions d'abord qu'elle était l'effet de la séparation des patrimoines sur l'obligation illimitée aux dettes qui résulte pour l'héritier de l'acceptation de la succession, et qui fait des créanciers du défunt les propres créanciers de l'héritier, ayant sur son patrimoine les mêmes droits que ceux qui ont directement contracté avec lui ; nous pouvons répondre à présent qu'elle laisse subsister intactes toutes les conséquences du droit commun, et qu'elle a seulement pour effet de conférer aux créanciers qui l'obtiennent, un privilége sur les biens héréditaires.

Il nous reste à examiner une dernière question : c'est celle de savoir si la séparation apporte une exception au principe de la division des dettes. La question ne peut être posée que dans la doctrine que nous avons adoptée, qui voit dans la séparation un véritable privilége : elle n'est pas même discutable au point de vue de ceux qui se rattachent à la théorie de Pothier, qui admettent tous la négative, ou des rares partisans du système de Paul et d'Ulpien, puisque la séparation à leurs yeux ayant pour effet d'effacer l'adition d'hérédité et de faire revivre le défunt, la question ne se présente même pas. Mais ce doute peut s'élever lorsqu'on admet, comme nous venons de l'établir, que c'est un véritable privilége, et des auteurs considérables enseignent que l'indivisibilité des dettes en est la conséquence. Le droit de suite et l'indivisibilité sont les deux caractères essentiels du privilége, et il est impossible de rejeter l'un après avoir admis l'autre. Cette doctrine s'appuie surtout sur l'art. 1017 qui confère aux légataires une hypothèque légale sur les immeubles de la succession, hypothèque à laquelle personne ne conteste le caractère de l'indivisibilité, et l'on en conclut que les créanciers, qui sont dans une position bien plus favorable, ne peuvent pas être moins bien traités. Une opinion qui a ses défenseurs, a même prétendu que cette hypothèque n'est pas un droit distinct de la séparation des patrimoines, et que la garantie hypothécaire de l'art. 1017 est venue confluer et se perdre entièrement dans la théorie de la séparation des patrimoines. (Gab. Demante, *Rev. de législ.*, 1854, t. 5, p. 180.)

Nous n'avons pas à entrer ici dans l'examen de cette question délicate, dont la solution nous importe peu ; car si, parmi les auteurs qui ont mis en avant cette théorie, les uns ont soutenu que la séparation des patrimoines à cette confusion avait gagné l'indivisibilité de l'art. 1017, d'autres au contraire ont enseigné que c'est l'art. 1017 qui avait perdu son indivisibilité primitive. Ce résultat nous paraît difficilement admissible en présence du texte si formel de l'art. 1017, qu'on arrive par ce procédé trop arbitraire à effacer complétement, et c'est même là ce qui nous empêche d'admettre cette confusion dont il vient d'être parlé, car il nous semble incontestable que la séparation des patrimoines ne peut pas être considérée comme une exception au principe de la division des dettes. Ce principe est posé de la manière la plus large par les art. 873 et 1221, et aucun texte n'indique que le législateur ait voulu y déroger dans le cas qui nous occupe. Nous avons déjà montré que cette séparation n'était pas, dans notre droit, la négation de la transmission héréditaire; elle ne modifie pas les relations des créanciers héréditaires avec l'héritier, mais les laisse sous l'empire du droit commun. C'est un bénéfice qui doit être demandé individuellement par chaque créancier ou chaque légataire; de même il doit l'être individuellement contre chaque héritier. Au point de vue passif comme au point de vue actif, la séparation a cessé d'être collective, comme à Rome, pour devenir individuelle, et elle ne produit d'effet contre chacun des cohéritiers que jusqu'à concurrence de sa part contributoire dans les dettes.

Ce système d'ailleurs se concilie à merveille avec l'indivisibilité hypothécaire. En effet, grâce à la division des dettes qui s'opère de plein droit entre les héritiers dès le jour de l'ouverture de la succession, chacune des créances héréditaires s'est trouvée fractionnée en autant de créances qu'il y a de portions héréditaires, indépendantes les unes des autres; le privilége qui naît de la séparation des patrimoines s'attache à chacune d'elles; il y a autant de priviléges qu'il y a de dettes, et chaque privilége est indivisible pour la créance qu'il garantit, mais il ne porte que sur les biens qui seuls ont été affectés à la dette. C'est ainsi que, d'après la loi au Code (*communia de legatis*), l'hypothèque accordée par Justinien aux légataires sur les biens de la succession, n'existait contre chacun des héritiers ou autres débiteurs du legs, sur les biens à lui échus que jusqu'à concurrence de la part dont il était tenu personnellement. (Demolombe, *Success.*, 5, n° 211; Blondeau, *Séparat. des patr.*, p. 573.) Remarquons en passant que cette théorie s'accorde aussi très-bien avec l'effet simplement déclaratif attribué au partage par l'art. 883 du Code Napoléon.

Telles sont, sur cette matière, une des plus ardues et des plus controversées du droit moderne, les solutions que nous croyons pouvoir proposer, sans leur donner toutefois tous les développements qu'elles comporteraient. Nous serions facilement entraîné au delà des bornes déjà trop vastes de notre sujet, mais nous en avons dit assez pour montrer, qu'à part le privilége qu'elle confère aux créanciers héréditaires sur les biens du défunt, la séparation des patrimoines laisse intacts les grands principes qui dominent la matière du payement des dettes dans les successions.

POSITIONS.

DROIT ROMAIN.

I. Il n'y avait pas accroissement pour le cohéritier de la portion de celui qui avait usé du bénéfice d'abstention.

II. Dans le cas d'une substitution pupillaire et du décès du pupille, le substitué continuait à jouir du bénéfice d'abstention comme le pupille lui-même.

III. Les créanciers héréditaires peuvent demander la séparation des patrimoines, même lorsque l'héritier a vendu l'hérédité, pourvu que le prix n'ait pas encore été payé.

IV. Les pactes joints immédiatement aux contrats de droit strict ne sont censés en faire partie que lorsqu'ils retranchent à l'obligation.

V. Les arrhes données dans la vente parfaite avec ou sans écrit ne la rendaient pas susceptible de dédit.

VI. La constitution de Caracalla, qui attribue tous les *caduca* au fisc, n'a pas entendu cependant dépouiller les *patres* du *jus caduca vindicandi*.

DROIT FRANÇAIS.

I. Le légataire universel ou à titre universel qui n'a pas accepté sous bénéfice d'inventaire, est tenu des dettes de la succession même *ultra vires emolumenti.*

II. L'héritier détenteur d'un immeuble hypothéqué à une dette de la succession dont il a payé sa part, ne peut ni purger ni opposer le bénéfice de discussion, mais il peut toujours délaisser.

III. Le bénéfice d'inventaire ne fait pas obstacle à la division des dettes.

IV. La séparation des patrimóines est devenue dans notre droit un véritable privilége qui confère aux créanciers héréditaires un droit de préférence et un droit de suite sur les biens venant du défunt, sans néanmoins faire obstacle à la division des dettes.

V. L'héritier légataire par préciput d'un immeuble hypothéqué ou qui était lui-même le créancier hypothécaire primitif, est tenu de diviser son action récursoire contre ses cohéritiers, conformément au principe de l'art. 875.

VI. Les héritiers de la femme mariée sous le régime dotal, ne peuvent pas être poursuivis sur les biens dotaux à raison des dettes contractées par elle durant le mariage.

VII. L'immeuble dotal aliéné par les deux époux conjointement, reste imprescriptible après la séparation de biens.

VIII. La caution qui a payé la dette, est subrogée contre le tiers détenteur.

IX. Le privilége du vendeur d'immeuble n'est pas perdu au cas de faillite de l'acheteur, malgré le défaut de transcription.

DROIT PÉNAL.

I. Un étranger jugé dans son pays pour un crime commis en France, peut être repris en France à raison du même fait.

II. Les art. 57 et 58 du Code pénal (loi du 13 mai 1863) ne s'appliquent pas aux crimes passibles de peines correctionnelles à raison de la déclaration des circonstances atténuantes par le juy.

DROIT INTERNATIONAL ET HISTOIRE DU DROIT.

I. Le fait par un État neutre de laisser construire dans ses ports un navire de guerre destiné à l'un des États belligérants, constitue une violation de la neutralité.

II. Dans le cas où, une contestation entre deux étrangers étant portée devant un tribunal français, le défendeur n'oppose pas le déclinatoire d'incompétence, le tribunal peut d'office se déclarer incompétent.

III. La communauté de biens entre époux a son origine dans les communautés taisibles des gens de main-morte qui vivaient en société perpétuelle sur le domaine du seigneur.

IV. L'institution du ministère public n'a pris naissance qu'au xiv° siècle, de l'extension des attributions des *procuratores regis* ou procureurs du roi.

Vu : Le doyen de la Faculté,
Cu. PELLAT.

Le Président de la thèse,
COLMET DE SANTERRE.

Permis d'imprimer,
Le Vice-Recteur,
A. MOURIER.

TABLE DES MATIÈRES.

Paris. — Imprimé par E. Tignor et C°, rue Racine, 16.

ERRATUM.

Page 97 : *bona non dicuntur, etc....,* lisez : *non intelliguntur.*

Page 103. Il y a ici une erreur de citation. Le texte attribué à Lebrun n'appartient pas à cet auteur, mais à son annotateur, le président Esplard. Lebrun, au contraire, enseignait l'opinion opposée, ainsi qu'on peut le voir par le passage rapporté exactement page 193.

www.ingramcontent.com/pod-product-compliance
Ingram Content Group UK Ltd.
Pitfield, Milton Keynes, MK11 3LW, UK
UKHW021017140726
13695UKWH00001B/321